上海市新闻出版专项资金资助项目
中国社会工作史料汇编（第一辑）

精神病之社会的因素与防治

宋思明 著

華東理工大學出版社
EAST CHINA UNIVERSITY OF SCIENCE AND TECHNOLOGY PRESS
·上海·

图书在版编目(CIP)数据

精神病之社会的因素与防治/宋思明著. —上海：
华东理工大学出版社，2019.2
（中国社会工作史料汇编. 第一辑）
ISBN 978-7-5628-5691-7

Ⅰ.①精… Ⅱ.①宋… Ⅲ.①精神病-病人-社会工作-研究-中国 Ⅳ.①D669.9

中国版本图书馆 CIP 数据核字(2019)第 039679 号

内容提要

本书主要包括精神康复社会工作的含义、方法、理论、实践技巧等内容。精神病社会工作系社会工作中之一种，其步骤为应用科学方法辅佐医师，调查精神病发生原因，解决病者社会问题，从事预防、治疗及善后工作，并借此而减少病者痛苦、经济损失及维系社会安宁。在本书中，作者将精神康复社会工作的功能归结为四个：第一，便于招收病人来院就诊及办理入院手续；第二，做社会调查以辅佐医师确诊病情；第三，协助医师施行治疗；第四，教学与研究工作。

策划编辑 / 刘 军
责任编辑 / 牟小林
装帧设计 / 徐 蓉
出版发行 / 华东理工大学出版社有限公司
地址：上海市梅陇路 130 号，200237
电话：021-64250306
网址：www.ecustpress.cn
邮箱：zongbianban@ecustpress.cn
印 刷 / 上海展强印刷有限公司
开 本 / 890mm×1240mm 1/32
印 张 / 3.875
字 数 / 70 千字
版 次 / 2019 年 2 月第 1 版
印 次 / 2019 年 2 月第 1 次
定 价 / 68.00 元

华彩百年文章传道
风云世纪专业流芳

谨以此丛书纪念中国社会工作百年历程
谨以此丛书纪念中国社会工作恢复卅年

编辑委员会

丛书总序

20世纪初，作为一种专业的社会工作被引入中国，到今天已经有了百年历史。中国社会工作的百年发展史跌宕起伏，映射出近代中国的经济社会发展与政治变动情形。

20世纪80年代后期，沉寂了30多年的社会工作在中国内地恢复重建，当时仅有4所高校开设社会工作本科专业。经过近30年的发展，现在已经有300多所高校开设这一专业，100多所高校招收社会工作专业硕士，已经形成从专科、本科到硕士、博士、博士后的完整人才培养体系。与此同时，社会工作实务也渐次开展起来，到2017年年底全国已经注册成立了近7 000家提供专业社会工作服务的社会服务机构，基本涵盖了社会工作的各个实务领域。可以说，社会工作作为一种专业制度安排，在中国内地已然获得高度认可。

回顾近30年中国社会工作的恢复重建历程，我们能够看到一条清晰的发展线索：从最初的“拿来主义”到本土理论和实务经验的生成。20 世纪 90 年代到 21 世纪初，中国社会工作从课程体系、教学体系到实务操作，基本上照搬了我国香港、台湾地区，以及欧美国家较为成熟的模式，也出现了“水土不服”的现象。但是，中国社会工作学术界和实务界没有忘记探索自己的道路，并取得了一定成果。

从 1998 年开始，中国社会工作教育协会组织编写社会工作系列主干教材，跨出了学科自省的步伐。2001 年，王思斌教授提出了社会工作“本土化”的命题，倡导并鼓励人们根据中国的国情、政情和社情进行社会工作教育模式和实务模式的探索与理论提升。在“本土化”导向的驱动下，中国社会工作学术界和实务界努力挖掘“传统资源”，检讨“西方学说”，总结“中国经验”。

作为一家以社会工作图书出版为特色之一的出版单位，华东理工大学出版社一直致力于“本土化”图书的编辑出版。这次推出的“中国社会工作史料汇编(第一辑)”包括 6 种图书：《社会工作导论》(蒋旨昂著)、《现代社会事业》(言心哲著)、《医院社会工作》(宋思明、邹玉阶著)、《精神病之社会的因素与防治》(宋思明著)、《社会救济》(柯象峰编著)、《社会事业与社会建设》(复旦大学社会学系编)。这些著作均为民国时期的出版物，代表了民国时期社会工作理论研究和实务经验的最高水准，具有极大的出版价值。

进入 21 世纪以来，中国的社会工作学者们通过“参与式行动研究”模式，即作为集理论研究者和政策倡导者于一体的角色深入实践开展专业社会工作，成为推动新的社会服务体系建构、社会组织发展和基层政府社会职能转变的重要力量。“中国社会工作史料汇编（第一辑）”的推出，可谓生逢其时，能够为中国社会工作学者的进一步探索提供别样的视角和有益的借鉴。

当前，中国特色社会主义进入了新时代，中国社会工作学者要以习近平新时代中国特色社会主义思想为指导，继续深入开展理论建构与实践建构，积极建设具有中国特色、中国风格、中国气派的中国社会工作理论体系和实务模式，以更好地服务于我国的社会发展、社会建设和社会治理实践，更好地服务于提升我国软实力与国际话语权的建设实践。

愿这套丛书能够更好地助力新时代中国社会工作的发展！

徐永祥

中国社会工作教育协会会长

国际社会工作教育联盟执委兼国家代表

民政部全国社会工作专家委员会副主任委员

上海高校智库社会工作与社会政策研究院院长

华东理工大学社会工作系教授、博士生导师

导　读

在西方，随着心理卫生运动的兴起，20 世纪 30 年代精神治疗社会工作逐渐成为独立领域。① 在其影响下，我国的精神治疗社会工作也开始出现。本书是我国第一部关于精神治疗社会工作的专著，作者宋思明曾任公立北平精神病院第一届社会服务部主任，积累了丰富的本土经验，1944 年应社会部的邀请而著本书。

一

北平精神病疗养院作为北平协和医学院神经精神科的教学医院（即现北京安定医院前身）②，其创建可以追溯到清末的疯人院。1908 年 8 月，清陆军部拨银元 6 000 元，在城内石碑胡同一处官房

① 刘继同：《医务社会工作概论》，高等教育出版社 2008 年版，第 18 页。
② 陈一鸣："北京现代精神医学早期的追索——先辈伍兹、雷曼、魏毓麟、许英魁的光辉历程"，载《临床精神医学杂志》2010 年第 2 期。

内，建内城公立贫民教养院，附设一所疯人院。[①] 1918 年，疯人院被迁往北城鼓楼宝钞胡同高公庵内，改名疯人收养所。[②] 当时所内设管理员一人，巡官巡长各一人，巡警十人。[③]

1928 年北平协和医院正式建立神经精神科，除开展教学和门诊工作外，还指导北平市疯人收养所的医疗业务及学生临床实习工作，标志着中国现代精神医学的开始。[④] 1929 年冬，疯人收容所将收容性质改为医疗性质，所内添设药品，较前有所进步。1933 年 10 月，疯人收容所改名为北平市精神病疗养院。北平社会局为推动与北平协和医院的进一步合作，正式与协和医院订立合作事项：医务事项完全由协和医院担任，所有医生及职员大都从协和医院调来，薪资仍由协和医院发放，所内经常费由北平市政府供给。在 20 世纪上半叶，北平精神病疗养院是华北唯一一所初具规模的现代精神病院，也是中国第一所与医学院合作建立的精神病院。[⑤]

---

① 《民政部奏公立内城贫民教养院援案请拨米石摺》//范庭卫："从收容到科学治疗：魏毓麟与北平精神病疗养院的创建"，载《中华医史杂志》2013 年第 6 期。

② "京师警察厅函为该厅设立疯人收养所业经成立请查照文"，载《市政通告》1918 年第 11 期。

③ 周乃森：《一百个精神病学生个案的分析》，燕京大学社会学系 1941 年本科毕业论文，第 11 页。

④ 陈一鸣："北京现代精神医学早期的追索——先辈伍兹、雷曼、魏毓麟、许英魁的光辉历程"，载《临床精神医学杂志》2010 年第 2 期。

⑤ 范庭卫："从收容到科学治疗：魏毓麟与北平精神病疗养院的创建"，载《中华医史杂志》2013 年第 6 期。

改组之后的精神病疗养院改善院务，一切治疗及看护均按最近标准进行。精神病疗养院先后设立了护理部、工业治疗部、社会服务部、心理治疗部、神经病理学实验室和数据统计部，逐步建立起包括药物治疗、工业治疗、社会服务、心理治疗及温水治疗在内的精神病专业治疗体系[①]，床位也增加到280张。北平市精神病疗养院社会服务部于1934年成立，宋思明调任首位主任，其余工作人员也都来自北平协和医院的社会服务部。

宋思明(1903—1986)，字智轩，生于直隶省迁安县(今河北省迁安市)，幼年时期读私塾，接着到昌黎读中学，后考入燕京大学社会学及社会服务学系，1928年毕业，8月进入北平协和医院社会服务部工作。他先后在医疗科室、外科科室、眼科和社区卫生领域从事社会工作服务。1933年春，宋思明被调到协和医院神经-精神科工作，并且升职为社会工作监督员(即督导)。[②] 据宋思明自己介绍，他在神经-精神科第一年的工作既有门诊的工作，又有病房的工作；既有精神病人的疗养服务，又有精神病人的出院计划服务；既有非常专业和临床心理学研究取向的克雷齐默尔(Kretschmer)常态性格量表和瑟斯顿(Thurstone)人格测试类研

① 周乃森：《一百个精神病学生个案的分析》，燕京大学社会学系1941年本科毕业论文，第12页。

② 刘继同：《导读》//宋思明：《医院社会工作》，河北教育出版社2014年版，第7－8页。

究工作，又有神经-精神科社会工作专业服务。1934 年，他既从事门诊和病房工作，又从事鸦片成瘾者的专业服务；既从事“控制性”个案工作，又从事鸦片成瘾者的临床研究，还与周励秋一起照顾出院的精神病患者。① 1935 年 1 月，宋思明规划自己专业发展的未来前景时，明确提出四点设想和两点愿望。四点设想包括：一是计划修改克雷齐默尔常态性格量表，使其在应用时更加适合中国人；二是与徐(Hsu)一起收集“社会足够”的数据；三是确保对鸦片成瘾者给予更多的关怀照顾服务；四是对协和调养院中的精神病人群体予以深入研究。两点愿望：一是在经过八年(1928—1935)社会工作实务后，他非常希望能有到国外深造和进修的机会；二是希望协和医院神经-精神科成为国家精神健康社会工作中心，以便为国内的其他机构培养更多精神治疗社会工作者。②

“七七”事变后北京沦陷，宋思明被迫离开北平精神病疗养院，跟随红十字总会南下，为抗战服务。③ 长沙会战期间，宋思明在红十字会伤兵后方医院从事伤残康复工作。据其子宋冠立回忆，宋思明很善于使用社会工作中的个案方法，不仅教会一些残疾伤兵们掌握某种手艺，比如缝纫、染纱、制鞋等，并且还聘用技术人员来

---

①② 刘继同：《导读》//宋思明：《医院社会工作》，河北教育出版社 2014 年版，第 7—8 页。

③ 宋思明：“从事伤残重建工作所得的经验”，载《职业与教育》1949 年第 205—206 期。

教伤兵们,使他们可以自谋生计,甚至还可以养家糊口,真正达到了社会工作中助人自助和增能赋权的状态。[①] 1940 年红十字总会会同军政部创设了矫形外科中心,宋思明任中心主任。他延揽专家,不仅对伤残士兵予以治疗,还装置义肢,并予以各种职业训练,使“残而不废”。[②] 同时,宋思明还担任卫训总所[③]复健学组的教官[④],一边指导受训人员学习如何进行康复服务,一边从事伤残康复服务工作。在此期间,宋思明出版了两本著作,即《医院社会工作》(1944 年出版)和《精神病之社会的因素与防治》(1944 年出版)。

抗战胜利后,红十字会的专家大都在 1946 年上半年先后离开贵阳。[⑤] 宋思明到上海担任上海伤残重建服务处主任,继续从事伤残康复社会工作。服务处的工作对象除一部分退役军人外,多数是伤残市民,目的是“使伤残人在体力方面、心理方面、职业方面

① 常聪聪、彭秀良:“被遗忘的社会工作专家宋思明”,载《团结报》2015 年 12 月 17 日。

② “行政院”新闻局:《中国红十字会》,“行政院”新闻局 1947 年印行,第 10 页。

③ 同时,为了短期快速训练医务人员,红十字会救护总队主持成立战时卫生人员训练所,简称“卫训所”,各地成立分所后,改称“卫训总所”,1939 年春迁至贵阳附近的图云关。卫训总所的附属医院被称为“战时军用卫生人员训练所实习医院”,1944 年改称贵阳陆军医院,是 40 年代抗战后方一所设备先进、人才济济的正规教学医院。卫训总所的建制比一般医学院规模大得多,学科也更加齐全,共成立了 18 个不同的学组进行教学和服务。

④ 薛庆煜:《在贵阳图云关的红会救护总队》//《贵阳文史资料选辑》(第 22 辑),1987 年印刷,第 44 页。

⑤ 杨锡寿:《回忆贵阳陆军医院》//《贵阳文史资料选辑》(第 22 辑),1987 年印刷,第 175 页。

及社会方面都能恢复”，服务内容包括替伤残者向医院接洽医疗活动、为伤残者提供训练技能的机会、向公私团体介绍适合伤残者的职业等。这种性质的服务机构当时在国内尚属首创。在宋思明的主持下，上海伤残重建服务处取得了一定的成效。据统计，上海伤残重建服务处自 1947 年 6 月成立至 1951 年 4 月被移交给中国人民救济会上海市分会，将近四年时间内，累计为二百多名上海残疾市民提供了伤残重建服务。[①]

1947 年宋思明赴美国考察残疾人康复工作。上海解放后，1949 年 8 月 26 日，中华职业教育社召开特殊教育工作者会议。会议通过筹组全国特殊教育工作者协会，宋思明等五人被推举为筹备委员。[②] 之后，随着社会工作专业的取消，宋思明离开了他钟爱的社会工作职业，到上海一所中学教书，直到退休。1986 年 4 月，宋思明逝世于上海。

二

北平精神病疗养院社会服务部在宋思明主持下，工作人员重视调查患者病情发生的各种原因，解决患者的社会问题和善后问

① 王安：“民国时期残疾人康复服务机构回顾——基于上海伤残重建服务处的史料”，载《残疾人研究》2014 年第 3 期。

② “上海市特殊教育工作者筹组协会成立　发表对特殊儿童与成人重建计划之意见书”，载《教育与职业》1949 年第 208 期。

题,使“患者待遇方面,一洗往日之残苛暴虐之手段而易以合理之管束外,并对患者之经济状况,家庭问题、社会环境,莫不尽人力之可能,予以合理之解决。功效之大,不减医药。”[1]

改组前的疯人院时期,精神病患者的境遇十分悲惨。病情较重的被锁在柱子上,病情较轻者则上蹿下跳,互相打骂,全都蓬头垢面、衣衫褴褛。只有一名管理员每天给予药丸,患者除了忍受残酷的看守,还时常遭受毒打,俨然“人间地狱”。[2]疯人一天仅两餐,赤裸身体或仅有布片裹身,衣服得不到清洗更换,除非有家属来更换。居住条件拥挤,疯人吃、睡在三面靠墙而建的大炕上。[3] 基希(Egon ErwinKisch)是捷克著名的报告文学家,1932年到中国考察,写了《秘密的中国》一书,报道了北平疯人收养所里病人的悲惨境遇:飞着口沫,说着胡话,赤身露体,戴着脚镣,吃的是窝窝头和丢弃的菜茎。基希将这所疯人收养所视为“拘禁危险的疯癫的囚牢”,他发出悲愤的呼号:“朋友们,要是我老是这样,请打我一枪罢!”[4]疯人院改组为北平精神病疗养院后,院里男女病

---

①② 宋思明:《精神病之社会的因素与防治》,中华书局1944年版,第21、3页。

③ 范庭卫:“从收容到科学治疗:魏毓麟与北平精神病疗养院的创建”,载《中华医史杂志》2013年第6期。

④ [捷克]基希:《秘密的中国》,周立波译,天马书店1938年版,第162—165页//范庭卫:“从收容到科学治疗:魏毓麟与北平精神病疗养院的创建”,载《中华医史杂志》2013年第6期。

人三百人之多[1]，在社会服务部与其他各部的共同努力下焕然一新。

宋思明将精神病社会工作者的工作内容概括为“应用科学方法辅佐医师，调查精神病发生之原因，解决病者之社会问题，以从事预防治疗及善后工作，并藉此而减少病者之痛苦，经济之损失及维系社会之安宁。”[2]在此思想的指导下，社会服务部开展的具体服务如下。

其一，社工通过对病人的社会调查，配合其他各项检查进行诊断。当时精神病的诊断时长往往是治疗时长的两三倍，精神病社会工作对诊断的贡献显得尤为重要。“精神病学家作精神检查，其他医师作体格检查，心理学家作心理测验，精神分析家从事于精神分析，而最重要者却是社会之调查。”[3]由于“精神病症与其他病症不同，病人之社会历史几（乎）完全为医生诊断之根据。”[4]社工专门调查及研究病人的社会环境，了解其得病原因，以备医生诊断及治疗病人做参考。最初个案记录多为英文[5]，具体做法包括与伴送病人来院者会谈、与病人本人会谈（病人清醒时）和外出调查。

①②③　宋思明：《精神病之社会的因素与防治》，中华书局 1944 年版，第 1、7、30 页。

④⑤　周乃森：《一百个精神病学生个案的分析》，燕京大学社会学系 1941 年本科毕业论文，第 12、17—18 页。

社工定期与医生商讨治疗事项，随时至病人家中访问病人现状并报告大夫。①

其二，配合医生治疗。首先，社工通过为病人提供服务，使治疗工作得以顺利进行。此类工作与一般医院社会工作无异，如帮助入院病人及再次住院病人办理入院手续；对病人家属解释病情，并给予劝导；向家属解释新的治疗手段，消除医患误解；予贫苦之病人或家属以物质上或金钱上之帮助；替无依病人向其他部门寻求免费或辅助；对病人家庭之指导等。②其次，社工通过与病人会谈，进行治疗。会谈治疗方法在精神病治疗中占极重要之地位，宋思明写道："与病人会谈，在精神病治疗中占极重要之地位，是为各专家所公认，社会工作员宜分担一部医生之时间，与病人常相会谈，使病人对工作员发生信心，将心中之积闷，全部倾吐。工作员又可藉机予以开导，则收效之大，常出人意料之外。宋思明于从事此工作时，最喜与病人会谈，特别与一部分精神兴奋之病人，讲话滔滔不绝，多为彼高兴之事，可收人发噱。直到彼对工作员发生信仰后，则唯命是听之情况，又令人有无限之慰藉。"③

①② 周乃森：《一百个精神病学生个案的分析》，燕京大学社会学系 1941 年本科毕业论文，第 12、17 - 18 页。

③ 宋思明：《精神病之社会的因素与防治》，中华书局 1944 年版，第 36 页。

其三，与职业治疗部合作筹划。[①] 工业治疗被视为精神病患者重返社会的第一步。除了引起病人的注意力，阻断病人不合宜的思想，还使病人对外界刺激能做出正当反应。社会服务部了解病人以往是何职业、有何专门技能后，安排合适的职业治疗工作。社会服务部下设职业治疗部，1934 年 4 月，协和医院的工疗专家陈善慈到精神病疗养院做兼职，开始了这项工作。女病人做衣服、鞋子和袜子，男病人为医院做药盒。1934 年 7 月 1 日，陈善慈担任精神病疗养院工疗的负责人。工业治疗分室内和室外两种：在室内，男病人的工疗项目有糊纸盒、做地毯、绘画等，女病人则做衣服、棉被、鞋袜、织带等；在室外，男病人浇花、抬土、扫院子等。[②]

此外，为了让病人恢复正常的社会生活，社会服务部还根据病人的不同情形安排其适当角色。例如，医院的茶水、电灯维修、剃头、写字等工作，均由病愈后的病人承担。[③] 例如，安排一位秀才在职业治疗部做书记；让曾留学海外的病人教其他病人英语；其他人有的帮助厨房煮菜、送饭；有的负责打扫庭院、担水；有的洗衣、喂病重的人吃饭；有的负责公事房及病室装饰。宋思明还曾招集院

① 周乃森：《一百个精神病学生个案的分析》，燕京大学社会学系 1941 年本科毕业论文，第 19 页。

②③ 王子明："精神病与社会"，载《卫生月刊》1935 年第 1 卷第 8、9 期合刊。

中职员捐资，在院外开一家木料玩具工厂，做各种活动玩具，如飞机、马车等，涂以颜色，加以油漆，挑选病人由护士陪伴学习，收效极大。病人们看到每二三日由其自己手中产出一玩具，其兴奋程度不可言喻。虽使用各种铁器，但没有出现过任何危险状况。病人出院后，一时找不到工作，仍可继续前来工作。①

其四，与护士合作。社工与病人会谈时，对方若有危险，必须请护士在旁监视。社工可以从护士的记录及报告中得到治疗的线索。平日，社会服务部与护士部合办娱乐活动等。鉴于精神病人懒于活动，每天就由助理护士带领病人做体操、游戏和打球等，以保障病人的身心健康，节日期间还组织运动会。娱乐方面，医院设有图书馆、游艺室供病人看书、阅报、看画、下棋、玩纸牌、打乒乓球、打高尔夫球、唱歌等。游艺大会时，病人唱、拉、跳、说，并邀请病人亲友参观，十分热闹。②

其五，病人出院后的善后处理。社工还要指导病人解决出院后的社会安置、职业、家庭等方面的问题。社会服务部试行假释办法让病人出院，社工伴同病人回家探视并试住一二日后返院，直至病人及其家人皆认为可以出院时为止，并负责病人出院后的生活指导等工作。如果病人住在自己家中，社工必须为病人的日常生

①② 宋思明：《精神病之社会的因素与防治》，中华书局 1944 年版，第 40—41 页。

活有所安排，对他家人彼此间的关系有所调整。如果安置病人恢复工作，社工要与其雇主取得合作，可使病人先试工，工作时长逐日增加。要劝病人的同事勿以精神病人视之，以避免病人受刺激而复患。如果原来的工作不再适合，社工还需视病人的情况为其另谋工作。社工与各社会服务机构合作，共同商议为出院病人谋职业，或在可能范围内给予病人资金支持，做小本经营。有的病人是因酗酒等习惯而患精神病，出院后社工要按时随访，使勿再犯。对于治愈无望的精神病人，社工需要倡导、呼吁由相关机构或特殊学校进行监管，或与当地主管部门合作，择一公屋加以收容。①

其六，精神病院社会工作的教学与研究。此项工作主要有：辅导北平协和医学院学生收集病人的社会历史；教导院内看护如何做个案记录；教导协和医院派来之社会服务员；教导北平各大学社会学系及心理学系来院实习的学生；做精神病社会服务之广播讲演，并撰文登载相关刊物；编写各项问题表格，并不断改进。②

此外，社会服务部还参加医院的膳食委员会，辅助改良膳食。

---

①② 周乃森：《一百个精神病学生个案的分析》，燕京大学社会学系 1941 年本科毕业论文，第 12、18—19 页。

三

宋思明所著本书，虽然材料大多取自上述北平精神病疗养院的实务经验，但是全书的体系却别具一格，而且内容更加完善。

第一，本书起始章节并未开门见山地讲述精神健康社会工作的各项内容，而是用大量篇幅介绍了精神病学的知识，包括精神病的分类、发病原因、对家庭及社会的影响等。[①] 因为当时精神病学在中国的普及度还非常低，即使全国范围内开设神经-精神科的医学院也寥寥无几，因而宋思明认为十分有必要先系统介绍一番这门新的医学学科。值得一提的是，早年精神病分类受到对大多数疾病病因学知识不足的阻碍，故在科学分类中只能将少数疾病建立在病因学基础上，而对大多数疾病是从症状和病程来进行分类的。[②] 宋思明在介绍每种类型的精神疾病时，却运用了多轴诊断法，即依据病因、病理机制及反应形式等来描述。本书中，宋思明将精神疾病分为 20 种，各种之下又列出多种，标注也十分清晰。中华人民共和国成立以前，我国没有自己的精神疾病分类系统。我国精神疾病分类的第一个方案是中华人民共和国成立后，卫生

---

① 据估算，篇幅竟占到全书的 1/5 左右。

② 夏镇夷："从精神病分类系统的历史来看多轴诊断的发展"，载《上海精神医学》1982 年第 4 期。

部于1958年提出的精神疾病分类(草案)。[①] 这个分类草案将精神疾病分为14类,即传染性精神病,中毒性精神病,躯体疾病时的精神障碍,脑外伤性精神病,脑肿瘤时的精神障碍,脑血管性精神障碍,老年前期、老年期精神病,癫痫性精神障碍,精神分裂症,躁狂抑郁性精神病,心因性精神病,妄想狂,病态人格,精神发育不全。[②] 以此分类草案对照本书中的精神疾病分类,可见两者之间的重合之处是非常多的。

第二,在分析精神病的病因时,宋思明特别强调了"社会的因素"。据宋思明的实务经验,国人罹患精神疾病的"社会原因之复杂,且有甚于身体方面者,尤以我国社会为然。"[③]具体如好面子带来的心理问题、负性社会事件带来的精神刺激、经济陷入困境、个体人际关系不良、吸食鸦片等。这一视角的分析就为精神健康社会工作的开展铺陈了基础。因而宋思明不无自豪地指出:"除医学界对于精神疾病已有正确的认识及合理化之治疗方法外,其他有关系之学术及学者,如心理、社会及遗传等科,莫不相辅而行、互为表里。其最显著者确为社会工作方面,缘患病之因,并非纯为肌理

① 陶国泰:"中国精神疾病分类的第一个方案定在哪个时间?",载《临床精神医学杂志》1996年第5期。

② 杨德森:"中国精神疾病分类方案与诊断标准制定工作的历史与现状",载《上海精神医学》1989年第1期。

③ 宋思明:《精神病之社会的因素与防治》,中华书局1944年,第13页。

失调，其主要来源往往由于社会环境之不平衡，而影响其精神与心理，日积月累，演成失态。是则医士除能仰借药品以调整肌理上失调而外，关于精神心理及社会两方，胥有赖于社会工作人员之努力也。”①

第三，强调精神病社会工作者的双重专业性。从事精神健康社会工作者的资格至少应为社会工作专业大学毕业生，且学习了一定的精神病学、精神分析和心理学课程。同时，大学期间应到医院社会工作部实习，毕业后先到该部学习如何对普通病人进行社会诊断及善后处理，然后再转入精神病院社会工作部练习半年或一年，才能升为工作员。换言之，精神健康社会工作者应受到双重的训练。然而，宋思明认为社会工作者性情是否温柔、仔细而有创造力，是否善于与其他部门的人员合作、遵从督导指示，以及是否真的对精神健康社会工作有兴趣，才是最重要的。②

第四，注重心理卫生工作，主张开设心理卫生门诊和儿童指导门诊部。③ 进入20世纪，精神医学亦由治疗走向预防和治疗，心理卫生学应时而生。在心理卫生运动中，儿童和青少年成为重点预

①② 宋思明：《精神病之社会的因素与防治》，中华书局1944年版，第21、25—26、60—61页。

③ 王春霞：“民国时期精神健康社会工作研究——以北平、成都、南京三地的实践为中心”，载《社会工作与管理》2016年第1期。

防人群。二十世纪二三十年代，美国掀起了儿童辅导运动。① 各地纷纷创设儿童指导所，聘任精神病医师、小儿科医师、心理学家及精神健康社会工作员等，分担研究与治疗儿童异常行为的责任。据 1934 年的统计，当时美国共有儿童指导所 500 余个。与此同时，英、德等国也有类似的儿童指导所。② 在西方先进国家的示范下，我国的儿童行为指导工作始于 1933 年的北平协和医院，该院神经-精神科曾选少量儿童做行为指导工作。后来上海红十字会医院也曾开展过此类工作。抗战爆发，两院都被迫停顿。③ 宋思明因而在此重新给予重视和强调。

最后值得一提的是，宋思明认为精神健康社会工作个案记录"要不厌其详"，因为"精神病系一种复杂之疾病，各种记录皆应愈详细愈好，医生对精神病之检查记录，常有多至数万言者。社会个案记录更宜如此，虽细微之点亦不可忽略，因精神学家及精神分析学家，常由微细处发现疾病之原委。"④

王春霞

2018 年 10 月

① [美] 罗伯特·桑兹：《精神健康——临床社会工作实践》，何雪松、花菊香译，华东理工大学出版社 2003 年版，第 47 页。

② 薛汤铭新：《儿童行为指导工作》，上海商务印书馆 1948 年版，第 7 页。

③ 孙本文、薛汤铭新："儿童行为指导工作"，载《社会建设》1948 年第 7 期。

④ 宋思明：《精神病之社会的因素与防治》，重庆中华书局 1944 年版，第 52 页。

自 序

余尚记在童年时期，每闻“疯子”之名即谈虎色变，盖当时城中曾有犯精神病者二人：一人见物即抢，逢人便打；另一人则对人呆笑，喜与孩童相戏。为母者率相戒子女外出，免遭意外。比余在外求学时，又常见此等病人，沿街吵闹，被人殴打者有之，被人取笑者有之；甚或赤身露体，招致多人围观，其影响社会风化治安固大，即本身所受痛苦之深，又何堪形容！佥以国人对精神病患者，向抱迷信观念，多认为有神怪附体或痰迷心窍，待遇之苛形同囚犯；或将手足捆缚，或囚暗室，或加鞭笞，或用种种迷信方法，以驱神怪，病人因而致死者，在所不免。正如美医英格林所言：一病人由其父将其溺毙，又一病人由其母雇来多人，将其一臂一腿打折。噫！病人何辜，遭此荼毒，此诚人间之大不幸事也。

精神病系一种社会疾病，一人精神失常，自己即不能负行为之责任；因之种种犯罪，如娼妓、离婚、失业、自杀、杀人等社会问题，遂因以发生。此等人非但不能生产，反耗费大量之金钱。其子孙繁殖，对民族健康又有莫大之影响。欧美各国对此种疾病之预防及治疗，已有相当成效，我国人口众多，按专家估计，患精神病者，最少亦在百三十万左右。问题之严重而亟待解决，于兹可见矣。

精神病院，我国极少，能做到心理与社会之治疗者，更不易得，幸于一九三四年，北平协和医学院得与北平市卫生局合作，将旧有之北京疯人院改为北平市精神病院[①]，并以为学生实习之所。一部分经费及技术人员，皆由该院供给，社会工作部，于焉成立。余即由协和医院调任该部主任，数年以来，颇有心得，嗣因“七七”事变，北平沦陷，工作因亦停止。兹承社会部之嘱，厘成此帙，原名为“精神病院社会工作”，嗣因其未能表达本书之含义，乃更名为“精神病之社会的因素与防治”。其内容及取材与前无异，自以为经验不足，未敢遽然问世，但每念及社会之建设，端赖人民心理之健康，而社会愈进化，人类之生活愈复杂困难，此种病症之发生亦愈易，因之此项社会问题之待解决亦愈急。幸我政府对此事业已加注意，工作园地正待开垦，将来精神病医院于我国各大城市相继成立，精神病社会工作当亦随之而发展。则此书之成，于斯事之推进，或与有助焉。

宋思明识　一九四三年三月

① 1928—1933 年由北平市卫生局和北平协和医院共管，命名为“北平市精神病院”。——整理者注

目　录

第一章　绪　论

第一节　精神病社会工作之意义

一、精神病社会工作之定义

精神病社会工作，系社会工作中之一种，其步骤为应用科学方法辅佐医师，调查精神病发生之原因，解决病者之社会问题，以从事预防治疗及善后工作，并借此而减少病者之痛苦、经济之损失及维系社会之安宁。

二、精神病社会工作之起源及发展

精神病社会工作，较之其他社会工作，起源最晚（读者可参阅邹玉阶[①]与著者合编《医院社会工作》[②]第一章第三节所罗列各种社会工作发展之次第即能知其梗概)，论其年限，其历史，最多亦不过二十余年。此种有意义之工作，系由医院社会工作所分出，盖精神病亦系各种疾病中之一种故也。

三、精神病社会工作与精神病学

吾人于讨论精神病社会工作时，不能不略述精神病学，以明其彼此间之关系。精神病学系医学中之一种，正如医学之有内外科然。夷考其始，或与社会环境及教育方式攸关，但其形成又多涉及心理学范围。即如患精神病者，其初多由于家庭及社会环境不良，使患者于精神上痛苦过深，而教育方面不但不能为之解决，有时且益增其心理上之不满与失望，由于愤懑抑郁而造成精神上之失常，是又构成心理上之变态者也。但亦有由于遗传，若父或母即为一精神不健全之人，生来精神上即不健全者，故遗传问题亦为一般精神病学者所注意。晚近更提倡精神分析学[③]，似多由心理方面着手，从事者固不必尽为医学者，但以其对象恒为精神失常

① 邹玉阶(1936—)，湖北武汉人，曾为北平协和医院社会服务部工作人员，与宋思明合编《医院社会工作》。——整理者注

② 《医院社会工作》最早于1946年由中华书局出版。——整理者注

③ 精神分析学又称“精神动力学”，主创人是弗洛伊德。弗洛伊德的心理学包含两部分内容：第一部分是精神病的治疗方法及其理论；第二部分是关于人的心理过程的理解。——整理者注

之病患者，故以娴熟医学者为多。

精神病与酗酒、愚鲁、贫穷、娼妓、犯罪、精神不济、离婚、失业、家庭问题及其他生活不安等，关系至为密切，无处不显示其与社会及经济问题之联系，故对此病之预防及治疗等，皆非片面之医药能力所能胜任，必有对社会问题及社会工作之专门人员与精神病学家通力合作，始能收效，因精神病学乃与医院社会工作相辅而行者，故其起源之年限亦正复相同也。

四、精神病社会工作之在我国

我国一般不明了精神病真相者，对精神病之观念，可约括之为八种：前世作孽，祖先冒渎神灵殃及子孙，鬼异作祟或灵魂出壳，命中注定，倾败预兆，宅有风神，身体机构欠缺（语云形神不完），血液倒流。因之对于患者之医治备极残酷，或竟不加治疗，任其自行毁灭。先民治法如用石砸置之狱中，驱鬼却神，火烧指甲，禁之暗室，只供给饮食，鞭打处死，以石压胸，甚至断绝饮食等，方法正与欧洲黑暗时代无异。时至今日，亦尚有不时为人采用者。英医英格瑞姆（Ingram J. H.）在其所著《华北精神病人所处之悲境》中云："至现在此种病人仍为其家属照管，只约束其身体，不顾其心理，且极虐待。例如一病者被乃父溺毙，另一被其母雇来流氓，打断一臂一腿。"著者于十年前参观北京疯人收容所[1]，病重者皆锁于柱上，病轻者任其跳蹿斗殴，非对骂，即相打，声音嘈杂，不得片刻之宁静。虽男女别居，但皆蓬头垢面，衣衫褴褛，有如人间地狱，只有自命管理员者给以丸药等剂作为治疗，此外则专赖残酷之看守，时以夏楚[2]相加而已。

第二节　精神病之简述

精神病一词，不见于我国医学书中，仅癫狂症一种，且无详细解释。即欧西各国[3]，直至十八世纪，对此种病症仍极模糊。后医学日昌，精神病亦随其他疾病而博得医学及社会人士之注意，盖人之疾病，主要不外身体及精神两种，身体疾病为有形的，于诊断及治疗方面皆尚较容易，同时病者虽遭受疾病之痛苦，但精神并未失常，在院时易于管理，在外时亦不致扰乱社会安宁；至于精神病则不然，其病之发也，往往神经错乱，行为随之反常，有碍他人安宁，除少数病症而外，又多不能于病人身体上发现任何病象，治疗方面，因亦发生莫大困难。直至近百余年来，因医学之日新月异，对

① 北京疯人收容所，即北京安定医院的前身，由民国政府京师警察厅于1914年在安定门外高公庵创办。——整理者注
② 夏楚（jiǎ chǔ），“夏”同“槚”，“楚”指荆条。夏楚，即教师使用的教鞭。——整理者注
③ 欧西各国，泛指欧洲及西方各国。——整理者注

于精神病学亦有长足之进步，已成为一种专门之科学。其从事诊治此种疾病之医师，即被称为精神病学者，今日各国皆有精神病医院之设备，各医学校皆列精神病学为必修科。我国因鉴于此种疾病之重要，亦于各医学校中添设是科，其有医院社会服务部者，亦专门训练精神病社会工作员以辅佐医生，从事预防、治疗及善后处理工作。

吾人若从事精神病社会工作，其第一要务必须明了此病之分类及其发生之原因，否则工作无法进行。但此种疾病种类繁多，其致病原因又极复杂，社会工作员虽尽毕生之力，亦无法窥其堂奥，著者于此仅将各精神病学者对精神病分类法及发生之原因列举于后，以做初学者之参考。至于此种疾病之详细情形，则有待于自己之攻读及经验焉。

第三节 精神病之分类

1. 外伤性精神病（traumatic psychoses）此系因头部受伤而引起精神病之现象，可再分为下列三种。

(1) 外伤性谵妄（traumatic delirium），急性或慢性昏迷状态；

(2) 外伤后体质衰退（traumatic constitution），外伤后体质方面发生变动，因之病人患头疼、易感疲倦、性情急躁、情感不安或心生怀疑、歇斯底里及易冲动等病征；

(3) 外伤后心智衰退(post - traumatic mental enfeeblement; dementi - a)，因头部创伤而心智衰退，可以发生癫痫性冲动(epileptoid attacks)。

2. 老年精神病(sanile psychoses)脑部伤损，再加脑中血管硬化(arteriosclerosis)，老年可能中毒，及其他遗传关系。此病发生最多时在六十岁与七十五岁之间，其现象为记忆力减退，特别关于新发生事项容易遗忘、常认错方向、智力衰减、注意力集中力及思想不健全、易激怒、太固执、发生被危害幻想、忧郁、神志混乱等现象。其种类列下：

(1) 单纯性精神衰退病(simple deterioration)，对数目及记忆之错误，智力减退，兴趣降低，常有疑心、易怒、坐卧不宁及夜遗等事。

(2) 老年痴呆性(preschizophrenic type)，有显著的记忆力及记数之错误，对方向之辨识完全不对，病人精神活泼，对眼前事物注意并能抓住，但因健忘遂发生矛盾及重复动作。

(3) 谵妄性及错乱性精神病(delirious and confused types)，普通皆系由外界而来，如急性传染病、酒、吗啡类慢性毒质，此等病在初期时显现极度混乱或迷糊。

(4) 抑郁及激越性精神病(depressed and agitated types)，精

神衰退，加上显著之抑郁，及持久之烦闷。

(5) 偏执性精神病类(paranoid type)，精神衰退，加上偏执狂，脑力散漫。

(6) 初老期精神病(pre-senile type)，有显著之精神衰退，最早者在四十岁时即开始，随来之现象为易激怒及无端抑郁情态。

3. 因脑性大动脉变硬而起之精神病(psychoses with cerebral arteriosclerosis)，精神衰退与普通之头痛、头晕、发迷等症类似，但血压不一定过高。

4. 瘫痪性精神病(general paralysis of insanity paresis)，精神病学家言此病纯系梅毒菌侵入脑中所致，此外有许多专家相信外界压力，如嗜酒、头部创伤，系发病之近因。此病以男性居多，四十岁至五十岁即达于顶点，纯系幼年时中花柳①毒所致。此病于第一次中毒后至十年或二十年时即会发生。得病之初，即发现身体机能及性情之改变，判断力错误，做事不可靠，道德观念松弛、夸大、健忘，平常在疾病顶点即变痴呆，按照幻觉路径及一般精神病状态，可分为夸大性、忧郁性、狂躁性及衰退性数种。

5. 脑瘤性精神病(psychoses with brain tumor)，精神现象不十分显然，或有迟钝嗜眠症、记忆力消失、易激怒、忧郁、神志错乱、

① 花柳，及性传播疾病。古人认为这是寻“花”问“柳”之病，故称“花柳”。——整理者注

有幻视等症候。

6. 癫痫及癫痫性精神病(epilepsy and epileptic psychoses),其发生之原因,遗传关系最为重要。其精神病系起自抽风,每当抽风时,即失去知觉、咬舌、切齿、四肢抽动,其发音如羊鸣猪叫,故吾国书中有羊痫及猪痫之分。病人因抽风而引起如下之精神病,如自视过重、欺骗、情感不安、疑心、宗教狂、凶残、懒惰、暴躁、易怒、有性欲及犯罪冲动、心境失常、感觉过敏,不知适应日常生活。

7. 类似癫痫性精神病(epileptic equivalent),只有精神错乱,而无真性抽风,其他精神病病征与真性抽风者同。

8. 大脑炎引起之精神病(encephalitis with psychoses),性冲动极强,久病者其精神即呈衰退状。

9. 酒毒性精神病(alcoholic psychoses),多因长期饮酒而起,可分下列四种。

(1) 谵妄性震颤(delirium tremens),昏迷而带手颤及其他中酒毒现象,并有一显著之幻觉情况。

(2) 高萨克精神病(korsakow's psychoses)①,此种病分昏迷及清醒两种。第一种类似谵妄性手颤,不过发病期限较长而已。第二种则计数错误,方向不清,易受诱惑,常认错人。

---

① 现被译作柯萨科夫精神病。——整理者注

(3) 急性精神错乱(acute hallucinosis),神志清楚,但有幻听,病人极端害怕,及有不甚显著而似有系统化之被谋害思念。

(4) 其他种类(急性或慢性),此包括因酒毒而生之智力衰退等。

10. 因药毒及其他外来毒性所引起之精神病,此系专指谵妄及迷糊情状而言,或带有幻觉及猜疑性反应,其毒性来源多为鸦片及其制造品、铅、铝、炭气等。

11. 玉蜀黍疹性精神病(psychoses with pellagra)①,其为营养不足所致,主要即迷糊及有混乱现象。

12. 其他因身体疾病而引起之精神病,传染毒性所引起之谵妄,精神疲乏之谵妄,肺痨及心肾病所引起之精神病,瘟疫性大脑炎所引起之精神病。

13. 躁郁性精神病(manic－depressive psychoses),原因多由体质基础、遗传根基及对特殊压力及紧张情形下之反应,多少系逃脱心理、身体及心身共同之困难与阻挠。

此包括情感性精神病,其情感摇惑极显著,又易复发。此种病系一阵狂躁一阵抑郁,当狂躁时期,病人自己以为很好,感情非常活跃,其观念易受外界影响,思想不定,动作过度。当抑郁时期,此

① 指因糙皮病引起的精神障碍。——整理者注

病人之情感即与前迥然不同，病人心境变成慵懒忧苦，无希望，思想及动作皆显示迟钝。

14. 衰退性忧郁病(involution melancholia)，此种精神病不能归于一种单纯原因，百分之六十由于遗传，女人犯者比男人多，女人多在四十至五十岁犯此疾病，男人多在五十岁以上。此病或因抵抗力之逐渐减少及突然失掉。此种疾病能延日持久，其显示之病征为忧愁、失眠、不安、不放心、扰乱、见神见鬼及身体方面之幻觉。

15. 早发痴呆(dementia praecox；精神分裂反应类 schizophrenic reaction types)，此种病在精神病中占数目最多，因之亦最重要。此病发生之原因其说不一，有认为系体质不健全关系者，如脑病、脑外骨缩小、肺结核、部分中毒等；另有许多理论认为系心理关系，最要者为逃避现实，而生活在幻想世界中，性因素亦极端重要。此外尚有许多精神病学家，认为此病之发生为心理及体质相互之关系，得此种病者多为身体消瘦之病人，其性情又多不喜言语及与人交往。又幼小时其本能即与其环境不协调。此种病全由青年时发生，得此病者多为二十五岁以前之人，其情形并不严重，但以愈早发现愈好。吾人必须将一病人做整个之研究，其个人之能力及对环境之反应，皆须加以权衡。此病表现一种怪诞、奇异、不可解、不自然的情况，兴趣不浓厚，思想行为及感情反应不符合，对外界不注意，怠惰，判断力错误，好疑，好冲动，性违拗，性格内向，心中常觉受外界势力之影响。

有些精神病学家在此种病类下，又列一种青春期痴呆病(hebephrenia)，其病征为愚傻，无故微笑，或出声笑，装模作样，病人观念极其特别，又常改变，其内容亦极荒谬。

16. 偏执狂(paranoia)，此病系逐渐发展，为有逻辑、有秩序之被危害心理，并有时有夸大之成见，无幻觉幻视或精神衰退之情况。

17. 轻性精神病及官能神经病(psychoneurosis and neurosis)，此二名词实际是相同的，亦占精神病中一重要部分，其主要形式是：

(1) 歇斯底里(hysteria)，发生之原因其说不一，任内[①]认此为一种精神病，知觉范围缩小，局部本能分裂，如感觉已被个人知觉所压制，结果将人之品格永远分开，而分为数组，彼此不相联系。

弗洛伊德[②]解释此病：一为创伤印象及疾病之记忆；二系用转换方法以补足创伤经验之回转；三系一种欲望实现之表示；四

① 今译为“让内”。皮埃尔・让内(Pierre Janet，1859—1947)，法国心理学家、精神病学家。曾任法兰西学院实验和比较心理学主任，著有《癔病的心理状态》，并提出分离理论。——整理者注

② 西格蒙德・弗洛伊德(Sigmund Freud，1856—1939)，奥地利精神病医师、心理学家、精神分析学派创始人，著有《梦的解析》等。——整理者注

为此病现象可代替一种性欲之满足及代表个人性欲生活之一部；五系此现象相同于婴孩时性欲之满足，盖此种婴孩性欲满足已被压制。

此病现象为阵阵发生昏迷、不省人事或似梦境，随着即感觉身体全部或半部缺失、忧虑或压抑之混乱错综，可变为不同之身体现象，瘫痪麻木，特别器官失去机能等。

(2) 神经衰弱(neurasthenia)，弗洛伊德认为此病系由于成年时手淫过度及性欲之不满足或焦虑而成。此病在妇女中则普遍由于性交中断或早泄；在男人中则因节制性欲，性兴奋时受挫折，性交中断或老年性衰弱等。任内则认为心理紧张之松懈；有的精神病学家定其为普通兴趣之减低、沉思在脑中欲得而得不到之事及早年家庭生活不适宜。吾人则以为此病之造因，多由于长期精神上需要不能满足或受外界之刺激过深，患者于初期强自抑制，不愿向外界申述，或环境上根本不准其申述。纵使有所申述亦难邀得若干同情，遂于起初抑郁，尚思奋斗，以自己一身之力量，冀能胜过环境。嗣以奋斗失败，乃由抑郁而忧虑，乃致脑力退减，精神衰弱。

此病现象为忧虑及强迫观念、病态性恐惧、犹疑、冲动、自觉不足、脑筋紧张，有时有显著之抑郁及冲动。此外又常觉身体何部不适，感觉减退，感觉倒错，有疑病。

18. 因变态人格而引起之精神病(psychoses with psychopathic personality),此病又可名为体质性精神变态,因无法解释此由何种疾病或体质之原因,只有认为系原来体质之不健全,再加上精神病态之自卑情绪。普通说来,此系感情控制之缺点及缺少意志方面之遏制,即系其应付环境之不足。

此类病人对医师、社会工作员及监护人以至官吏感情最坏,其举动最不可靠,依冲动做事,判断力不强,从事不聪明之活动。彼能明了某事,但不会权衡其轻重。许多罪犯、破坏道德青年犯、流浪者、性行为反常、花病传播者、酗酒、毒品嗜好,皆属此类。其病态为激怒、兴奋、忧郁、猜疑、简短昏迷,亦为监狱精神病发生之基础。

19. 因心智缺陷而引起之精神病(psychoses with mental deficiency)或称智力低能(feeblemindedness),此种精神病系因智力低能而发者,其智力低能之原因有二:一为后天的,如因生产受伤、急性中毒、婴孩时疾病(脑膜炎、大脑炎)、头部受伤、内分泌不足;二为先天的,如遗传关系、先天花柳及其他缺点等。

此等病人皆可显示一阵阵兴奋、激怒、忧郁、猜疑趋向及幻听幻视等,彼等可显出真正狂躁抑郁精神病或精神分裂之反应。

20. 无诊断之精神病(undiagnosed psychoses),在诊断精神病时,有时有特殊病状无法下诊断,与其勉强分类,莫如先等证件完全时再定。

第四节　精神病之起因

一、一般之原因

- 精神病发生之原因
  - 潜伏原因
    - 个人的：先天的、后天的
    - 一般的：年岁、体质之反应、性生活、礼教情形、气候、文化
  - 激动原因
    - 身体的：中毒、创伤、传染、疲乏、身体疾病
    - 精神的
      - 短期内的：如惊恐等
      - 长时期的：如忧虑等

二、儿童时期致病之原因

1. 个人关系不良所谓个人关系者，实包括家庭与社会两方面。后者在儿时之影响，虽不如前者之严重，但亦绝不可忽视。如被遗弃之婴儿，纵使非被遗弃，而往往因亲友多管闲事，常遭不必要之苛待者是。至于家庭关系主要者则不外下列各端。

(1) 父母为无能力者，例如父或母，或父母俱为精神不健全者。

(2) 父母关系不正常者，如继父或继母，父母有显著或不显著之不和，过于严厉或过于渴望者。

(3) 待遇态度不正常者，例如妒忌、轻视及虐待等是。

2. 不健全情况身体的，如家人之有瞽[1]者、聋者、肢体残缺者、机能无功效者、急性病者。精神的，如父或母智力低能者、其他家人有如此情形者、家人之有精神病或精神衰弱者。

3. 不协和之情况社会方面，如种族分别，国际分别，宗教分别，风俗礼教之分别，住寄养家或机关，破裂之家庭如离婚、鳏寡、入监牢、在调养院。道德方面，如摒弃之家庭、羞辱之家庭、不道德情况等。

4. 经济压迫入款不足而无外援，入款不足有外援，父或母在外做事，财富管理紊乱。

三、我国人精神病发生之原因

按著者之观察，精神病发生之原因，于身体方面，当无国别之分，已于前节略有申述。至于社会原因，因各地之社会风俗习惯及文化背景之不同，而致病之因亦有异。兹根据伍德（Wood A. H.）及罗斯（Ross R. M.）二教授在我国之考察，与著者管理精神病人时之经验摘要于下，以作研究我国精神病者之参考。

社会原因之复杂，且有甚于身体方面者，尤以我国社会为然。归纳各种现象，可类为下列各项。然以其因子之错综亦有不可严

① 瞽，读 gǔ，指盲人。——整理者注

为划分者，但亦勉为之，以示类别。

1. 心理作用。外部本无事实，即有亦不显著，因以心理作用，常怀恐惧或疑惑，遂尔失常。其最普通者如面子问题，受人轻视，欲有要求恐遭拒绝，对事业（特别有关营业者）之顾虑，幻想过多以致失眠、忧愁、困难、性冲动失常、怕鬼神、怀乡及政治关系等。

2. 精神刺激。此所谓精神上之刺激，与心理作用本不易严为区别，但以其大部皆为确有具体事实，且易致人之精神（或云神经）受严重刺激者，如家人突然死亡、身体某部特殊创痛、失恋、涉讼、受儿妇虐待或受虐待之儿妇、晚婚、对婚姻不满、未婚对方死亡、被遗弃、通奸被发觉、夫或妻有外遇、老年丧子、学徒受气等。

3. 经济压迫。此种因素，又可由两方面说明：一为生活上的，一为事业上的。前者如衣食不足、生活压迫、子女教育无着等；后者如企业倒闭、钱财损失、失盗、析产，以及其对财产上之意外灾害等是。

4. 个人关系不良。所谓个人关系者，即指日常与其本人所能直接发生接触之人及事，其最显著者如父母为精神不健全者、妻妾不和、童养妇、姑嫂或妯娌间不睦等。

5. 其他社会因素。以上所举，皆属社会原因，虽不能窥其全豹，然荦荦大者，殆已如斯。此外，尚有若干虽不能具体指出，而确为构成精神衰退之因素者，如有形与无形中对现状不满；理想过高，实际上虽努力奋斗亦不能实现，而终归失败，逃避现实；有不良嗜好，如吸食鸦片或其他毒品等。

第五节 精神病对社会之影响

一、精神病之耗费

如欲明了精神病之耗费，必先知我国精神病人之人数；但犯此病者，在我国究有若干，亦因各医士之估计而不同。据哈威氏估计，每千人中有一人为精神病人，若以我国四万万人口计算，即应为四十万精神病人，此种估计未免过低。因欧美各国多为四百至六百人中即有一患精神病者，《中国医学杂志》（第三十四卷）曾载我国患精神病者其比例与日本相埒，即系四百分之一。依此比例，则我国患此病之人数，从一百万到一百二十五万，此全视我国人口为四万万或五万万而定。麦克卡提内在其《中国脑系精神病情况》中，估计有三百二十万人之多。彼言一二六病人中即有一人为脑系精神病人。又谓人口愈拥挤地方，此种病患愈多，最多之省份为河北、山东、浙江、福建、广东，次多者为湖北、安徽、江苏及河南。上海红十字会医院精神病学者粟宗华[①]君曾指出，我们国内所有

① 粟宗华（1904—1970），湖南邵阳人，曾任上海市精神病防治院院长，著有《精神病学概论》。——整理者注

患严重精神病者最少在三百万人左右，其数目实足惊人。

北平精神病院一九三六年即有男女病人三百之数，因床位限制，每日平均有三人左右不能收入。另有一私立精神休养院，亦收病人四十余，加以治疗未愈或根本不能治疗而被送出院者及在自家看守者，为数当不下数千，即以北平人口一百五十万而论，其患精神病者之比例亦可云有四百分之一。故谓我国至少有一百至一百二十五万精神病人，实不为过。

以一百万精神病人计算，按照现在生活费用之高涨，平均每人每月之饮食药物至少需一百五十元，每月即须耗费一万五千万元，一年之耗费则为一八万万元矣。数字之巨，骤闻之下，未免令人咋舌，实则此为最低限度之估计。美国人口较我国少三四倍，每年为精神病人之用费竟达三十万万金元；纳粹德国于一九三二年时即宣言每年耗费大宗国款去治疗精神病，并举例言在每个常态以下之儿童身上，每年至少花费五千马克，而花费在低能儿身上的又十二倍于此数。凡此种种，皆可告知吾人精神病耗费之巨大矣。

二、家庭及社会所受之影响

（一）家庭所受之影响

我们在讨论精神病对家庭影响之前，可将我国精神病学者粟宗华君有关此点之言介绍于此。渠谓："各种疾病中，治疗最难为时最久者，莫过于肺痨，但一个害了肺病的人，因为行为上并无反常，纵非富有不能入医院治疗，但仍可在家休养，不至于妨害家人和社会上其他人士的安全和幸福。唯精神病人则反是。因为一个生了精神病的人神志不清，判断力消失，往往可以做出若干意想不到之事，并可使家庭鸡犬不宁，甚至于亡家破产……”粟君此言并非夸大，事实如此，不待讳言。为使读者具体明了起见，将简要举例于下。

1. 家庭破产者。某成衣匠（即裁缝）年五十余，青年时努力工作，已开一成衣铺。后子承其业，且已置有缝纫机数架，收入可以维持一家之生活而有余。但以其在青年时曾染花柳病，至此年岁复发，以致罹因花柳毒而引起之麻痹性痴呆病，妄自夸大，以为自己不知有多少万万金钱，遂至各市场购买大量无用之物，因其判断力已失，付价过高，并迫使其子将缝纫机一一售出，以供挥霍。不从即鞭笞随之，令学徒及工人为其侍卫，不准工作，未几即将铺产荡尽，工人星散。其子不得不将其送往精神病院治疗。此时家中只余一架缝纫机，此架且系其子密藏于邻舍者，至此亦濒于破产矣。

2. 谋害亲属者。北平有一精神病患者，初起时对于他妻子之贞洁发生疑惑，最后疑其岳父母在幕后主持，并认其幻想是一个不可否认之事实，因此将其妻及其岳父母全行谋害。

3. 搅扰家庭不安。凡患此病者，皆能搅扰家庭不安，特举二例如次：一为某患癫痫疯者，年四十余，本系二营长，因犯病而归家。其妻年岁相若，子在外做事，女十二岁，子媳年二十余。此人之病皆由抽风而来，抽风时间昼夜不定，其性情变为极端凶暴、糊涂、逢人便打，其妻女等随时皆有性命之忧，避之又反招疑惑。不安情况，有如是者。次为一厨役，年三十二岁，山东人。在外供事，只有妻及怀抱之弱女，租房一间，因经济压迫，病人遂患精神病症。见神见鬼，半夜开门外出，或有时敲同院之房门，以致招房主不悦，促其妻他迁，其妻亦终日不得安宁。

4. 家庭分裂。某妇人患精神病后，疑兄嫂偷盗其财物，常至嫂屋翻箱倒箧，詈骂不休，且疑嫂与夫有染，常存谋害之心。夫不得已遂与兄分居。嗣后夫亦不堪其扰，将彼送至精神病院后，即徙平他往。家庭至此，遂行分裂。

5. 子女被遗弃。一妇年四十余，夫在外做事，逐月寄钱来家，生活不成问题，彼带一子一女度日。子八岁，女六岁，皆顺服可爱，不料此妇渐患偏执性精神病，其病因多由性欲不满足所致，认其夫已有外遇，将被遗弃，视子女如赘疣，终日非打即骂，对衣食更不少顾，恒由同乡某代为照管。彼非但不加感激，反恶语相加，致某君亦不欲过问。终致流浪街头，形成乞儿，其夫远在他乡，请假不易。后由著者设法将此二童安置，但彼等已受相当之刺激矣。

6. 夫妻反目。一妇人，其夫被送入精神病院，彼坚持与病人离婚。盖病人系一学者，于得病后耳中常听有人批评之声，谓其妻另有男友将私逃，对彼之名誉有莫大关系，因之遂与其妻无端反目。禁其妻外出，虽至厕所，彼必随之往。致其妻不堪其扰，瞻念前途，非常悲观，此时遂不顾前情，视其夫如路人矣。

7. 经济损失。精神病人之行为，全视其所患之病症而不同，除第一例之病人外，有的喜欢撕毁衣被，有的专好损毁用具、打破什物，将饮食内渗入杂物或毒质，将有用物品毁成无用之物，偷卖家中物品，焚烧家中房屋，批购不必需之货物，受人欺骗，私立合同契约，种种失常情形不一而足，家中因此所受经济之损失，实无法计算。

8. 精神苦恼。我国旧习，多认家中出一精神病者，必系其祖先曾做有伤阴骘①之事，因污辱家风，多秘而不宣，但又无法隐瞒。此种痛苦，不言而喻。再者一家中有一患此病者，能使家中鸡犬不宁，人人自危。病者对家人非过于冷淡，即过于热烈，劝告亦失效力。加以此病好而复发，发而复好，不易捉摸，使人最易失望。此种情形，可不必单举某病案为证，几乎无人不晓。

（二）社会所受之影响

1. 扰乱社会治安。此种个案，实不胜举，略举三数个案，以示

① 指阴德。——整理者注

其严重而已。

(1) 某精神病患者系一小贩,年五十余,一日午神经错乱后,手持厨刀,逢人便砍。邻居、院中玩耍之小孩,被其砍死达七人之多,及至被捕后清醒时,彼言因一时糊涂,每见人即认为系一鬼怪,将其砍死,以除祸害。此等病人随时皆可发作,若不治疗,其家人邻舍皆有性命危险。

(2) 精神病人中,常于犯病时喜赤身露体,满街乱跑,或追逐女人。

曾记某患大脑炎精神病者,年三十余岁,性冲动极烈,常裸体追逐女人,对家中妇女面前手淫,邻人皆远避之,彼自己却不以为耻也。

(3) 狂躁抑郁性精神病者,当狂躁病发作时,多喜向人取笑,自作怪状或满头插花,或装作某种人物,如皇帝、军官等,到邻居及街上乱跑,捡拾石子砖头,认系宝物,唱各种曲调以博人笑,招惹成群孩童跟随,向其掷石子等,以致好事者皆来围观,搅扰社会治安殊甚。

(4) 某大学生系攻读政治者,平日在校颇活动,为学生自治会会长。自患精神病后,即喜好在街头演讲,每次讲演皆招许多人围观,警察劝止不听,反殴打警察,虽听众知其为疯人,但对社会治安不无影响。

2. 工业生产不力。精神病患者，同精神不全之病人，初起时常不易查出，但此等病人对工作非但无兴趣，有时忽然能将工厂工具等加以破坏，或鼓动罢工、怠工情事，及至查出彼系患精神病者，为时已晚矣。

3. 偷窃犯罪行为。有此行为者，多为变态人格之精神病人，此种病例繁多，举不胜举。曾记某一甫将成年之青年，患此病后即犯偷盗行为，并曾放火烧屋以取乐，对人向无实话，无敢与之接近者。又某智力低能之病人，行经街市，见有食品即抢来塞入口内，或将贩摊踢倒，或夺到物品即到处投掷，受其扰者颇多。

4. 交通危险之举例。一电车司机，因患精神病常见有类似鬼怪之物在车前拦阻，或佛爷在两轨中间打坐。因之彼每见鬼怪，即往前猛开，虽遇站亦不停，意欲将其轧毙。若见佛爷在车前打坐，即忽然停车不前，唯恐有伤神佛。因此忽开忽止，致将一乘人力车之老者压伤，经警察将其带局审讯，始知其患发精神病，遂送往医院救治。另一患狂躁抑郁性精神病之乡人，每于犯病时间即喜爬高为乐，常爬上电线杆割取电线，虽深夜亦不知顾。

5. 社会所受无形之影响。以上所举，皆为精神病患者给予社会之有形影响，至于社会因此种疾病所受之无形影响，除经济方面外，其他建设方面更何能以道理计。正如粟君所述之神经衰弱、神经过敏等症，最近一二十年来增加很快，占渠所诊病人中百分之五十强，又多为十五至三十岁之青年，尤以大中学生为最多。此等学生，皆为国家之柱石，一旦有精神病，情形之严重当可想而知矣。

著者在北平市精神病院工作时，常见有大学生、留学生，耗费国家多少金钱，因患此病而被困院中，饱食终日，不能对社会有任何贡献。举一例说，如某病人年三十余，系某大学官费留美生，专攻文学，且到硕士学位，后又转至法国研究戏剧，得有博士学位。嗣因与一德国女人恋爱，此女中途变心，某君遂患精神病，由我驻德公使设法遣之回国。抵家后终日在街头巷尾游荡，彼言系调查平民生活，因其家离车站颇近，当于半夜起身赴站迎接其女友，并促其家人起身，预备欢迎，不然即谩骂不休。日久又有发生殴打他人情事。将由国外带回之书籍携出，廉价出售，家人不敢过问。其父不得已，始将其由远道送至精神病医院就诊，此人英、法、德语言皆精通，若不患此病，对我国文化教育当有不少贡献，惜罹此病，贻误终身事业，社会亦不能得到其利益。

三、社会工作之贡献

曩以知识不足，认识不清，不但医治之法不当，待遇之道亦失正常，晚近科学进步，除医学界对于斯病已有正确之认识及合理化之治疗方法外，其他有关系之学术及学者，如心理、社会及遗传等科，莫不相辅而行，互为表里。其最显著者确为社会工作方面，缘患病之因，并非纯为肌理失调，其主要来源往往由于社会环境之不平衡，而影响其精神与心理，日积月累，演成失态。是则医士除能仰借药品以调整肌理上失调而外，关于精神心理及社会两方，胥有赖于社会工作人员之努力也。自此项工作肇兴，除对患者待遇方面一洗往日之残苛暴虐之手段而易以合理之管束外，并对患者之经济状况、家庭问题、社会环境，莫不尽人力之可能，予以合理之解决。功效之大，不减医药。蒙其益者，良不乏人。是不但造福社会人群，有裨社会经济，且一洗往日陋习，使此辈向为人所鄙弃而无告者，脱离残酷苛虐之途，而登诸生产之林，至于协助预防，则又其尤焉者也。

第二章　精神病社会工作之功能与范围

精神病社会工作之功能，为预防精神病之发生，辅佐精神病学家做诊断、治疗及研究之工作。精神病院有社会工作部之成立，可有下列明显之功能。本诸著者经验，简述如下。

一、便于招收病人来院就诊及办理入院手续

病人之家属，无论如何明了精神病院之功用，但非至不得已时，皆不愿送病人住院。其主要原因为病者一经入院，即取得精神病人之资格，此种名称将永无洗清之日。此点全赖精神病社会工作人员平日对社会多加宣传，使明了患此病者正如患其他疾病然，皆有治愈之可能，其家属即高兴将病人送来。其次当家属送病人

至院时，因见病人号哭吵闹种种惨状，多悲从中来，此时全赖社会工作员安慰其家属，并帮忙办理入院手续，使病者家属心安，再逐渐征得其合作。

二、做社会调查以辅佐医师成立确切之诊断

精神病与普通身体之疾病不同，除一部分之病症可靠听诊器或实验室之诊断外，大多数之病症皆系心理及社会之错综原因而致者，即确系其有身体之疾病者，其心理及社会之原因亦占重要之地位。不然，患同样之疾病者正多，为何某人即有精神病之发生，某人却终其生亦无精神病之现象，此皆因各个人所处之环境与心理不同之故也。精神病之治疗，必须溯本求源，以发现其致病之原因，然后始能对症下药。但此原因不独从病理室来研究，同时亦须从家庭、学校、工厂及社会环境着手。此则非医师之力所能办到，其有赖于精神病个案工作人员之合作，固无疑义也。

三、协助医师施行治疗

精神病社会工作人员，非但做调查工作，仍做治疗工作，即所谓社会治疗是也。缘精神病之来源既非尽由肌理失调，则其医治方法自亦不能皆赖药品，一大部分系由于环境不良或经济等问题之压迫而形成病态。其医治方法自宜由精神方面入手，此并谓医

士之诊治不需要，而在此状况之下者，其有赖于社会工作人员之处，不但不减于医士，实有过之。如改善病者之环境，解决病者之经济，以及其他凡有关于病者精神方面之安慰与生活方式之改善，其对病者之功效，往往胜于医药。而董其事者，则唯有社会工作人员。病人住院时如此，出院后之善后工作，更非赖社会工作人员之安排不可。盖治疗及善后必须有病人之家庭及社会有关之团体合作，欲取得此项之合作，自始至终，皆赖社会工作人员之从中联系也。至于治疗及善后之工作办法，当另述之。

四、教学与研究工作

精神病对社会之影响既如斯之巨，不论在欧美及我国，皆已引起社会学者及终身从事社会工作者之注意。即以我国而论，凡大学之有社会工作一门者，亦莫不喜送学生到院学习。盖一切社会工作中，要以精神病社会工作为最有繁难，其所研究之问题，可谓包罗万象，正因如此，社会工作人员始可利用之以作教学及研究之最好资料。现今除各医学校，护士学校皆增设此课，亦可见其重要之一斑矣。

第三章　精神病社会工作之原则与条件

第一节　组　　织

精神病社会工作部，为精神病院组织之一，与其他各重要部门平行，直属于医院院长。部设主任一人，副主任一人，社会工作员若干人，实习员若干人。其系统可如下表：

精神病院行政机构（院长、副院长）
- 医药部分（精神病学家、精神分析家等）
- 护病部分（护士主任、护士看守等）
- 社会工作部（主任、副主任、社会工作员、实习员）
- 心理学部分（心理学家）
- 其他部分（如职业治疗部等）

此种组织，系指此精神病院为隶属于其他医院者，因之未列入内外诸科之部门。据著者所知，精神病院虽专为收容此种精神变态者而设，但此种疾病发生之原因，有一部分系由身体疾病而起者。此必赖内外诸科专门学术之助。同时此等病人住院后，亦时有各种体质疾病发生，更非精神病学者所能兼顾，必须将病人随时转院治疗。至于身体之检查，实验室之应用，更不论矣。是以最好与附近大医院取得联系，不然即需广设各科，以求工作之完善。至于精神病院之社会工作部，如此院系附属于某医院，此部亦应附属于该院之社会工作总部。但技术方面，因与一般医院社会工作不同，自亦应以独立设置为宜。

第二节　人　　员

一、资格

从事此种工作之人员，至少应为大学毕业、学习社会工作、对心理学亦有初步认识者。在大学时即应至医院社会工作部实习，卒业后即至此部工作。先学习如何对普通病人做社会诊断及善后处理，然后再转入精神病社会工作部练习。如果经主任观察，认为满意，可于半年或一年后，升为工作员等。

精神病院社会工作员，应受双重之训练。第一须学习精神病社会工作之技能，如与病人谈话法、社会调查法、社会诊断、治疗、善后处理，等等皆是。因此种疾病性质既与一般身体疾病不同，其工作方法自亦随之而异（详细办法容分论之）。第二对精神病学、精神分析、心理学等，应有相当之知识，以便对此工作有所依从。兹将取得此两种资格之方法，按著者之经验，胪述如次。

二、学习精神病院社会工作之方法

第一要将普通医院社会工作熟练后，再学习此种工作。此种工作之要点无他，即繁难详细而已。最初需要先进之指导颇多，所做之个案记录，须经删改，借可获得更多之意见。应常有个案讨论会，学习其他个案之如何做法。此外亦须与其他各部取得密切联系，以共同解决病人社会问题。至于病案之阅读，书籍之阅览，更为不可忽视者。

三、精神病检查之方法

社会工作员之主要工作，虽为社会工作，但对精神病之一切状况，亦不可不知，此则为有别于普通医院社会工作员者。工作员应学习如何做精神病检查、精神分析、心理测验。甚至以己身为病人，受专家检查，以学得实地经验，然后与各专家讨论病案时，始不致为门外汉也。

四、性情

精神病社会工作员成功之道，固有赖于资格与经验，但其最主要者乃为工作员性情之陶冶。性情暴躁、不善合作之人，不论其资格经验如何，绝不适宜于此种工作。故选择工作员时，第一要务为观察彼之性情是否温柔仔细而有创作力；对本部门及其他部门人员能否合作；对主任及先进之指导是否遵从；对此种工作是否真有兴趣。工作员之性情，关系工作整个问题，此不可不慎也。

第四章　精神病社会工作之内容与方法

第一节　预　　防

身体疾病，如天花、霍乱、猩红热、伤寒等症，皆有预防之方法，造福人类匪浅。精神病为一种极端难治之疾病，其危害社会又极严重，若能早日用预防方法，减少其发生之数目，即可减轻人类生活之许多苦恼，及社会之经济消耗矣。

一、心理卫生运动

最近几十年来，心理卫生运动（Mental Hygiene Movement）应运而生，此种运动之主要目标，为早日发现心理反常之病人，予以精神及社会之治疗，使不致有精神病之发生。其应注意：一是提高及保护心理健康，不逃避现实；二是保护及治疗染精神及神经病者；三是收集研究青年犯罪、自卑情绪、不良性生活、依赖等心理元素；四是提倡正当之娱乐及有兴趣之职业；五是注意身体健康等。

二、心理卫生运动之发展

此种运动至今已有三十余年之历史（至一九四三年约三十年，至今约百年），其发起人系美国人比尔斯①（Beers C. W.），此人曾患过精神病（系狂躁、抑郁性者），深感在病院中所受之种种痛苦，于己病痊愈后，遂致力于此种运动之提倡。联合各著名之精神病学者，成立一心理卫生学会，比尔斯担此会之执行干事。此会因得心理学家、医学家、精神病学家、教育家、社会工作学家等积极支持日渐发展，竟普遍于世界各先进国家。关于此种书籍、刊物出版颇多，大学课程不断涌现，我国中央大学②心理学系吴南轩③教授，于

① 比尔斯（1876—1943），出生于美国康涅狄格州，于 1908 年 5 月成立了世界上第一个心理卫生组织——康涅狄格州心理卫生协会。他于 1920 年 2 月又在纽约成立了全国心理卫生委员会，并任顾问。著有《一颗找回自我的心》（*A Mind That Found Itself*）。——整理者注

② 中央大学，创建于南京，当时为东南地区的学术重镇，素有“北北大，南中大”之称，后定名南京大学。——整理者注

③ 吴南轩（1893—1980），江苏仪征人。1931 年 4 月至 6 月，任台湾清华大学校长；1940 年 5 月至 1943 年 2 月，任复旦大学校长。著有《国际心理卫生运动史》《儿童心理卫生》。——整理者注

“七·七”事变前曾发起此种运动，惜以抗战爆发而中断。唯望对此热心人士，有以继之，则对于精神病之预防，定有莫大之助焉。

三、心理卫生运动之方法

开设心理卫生门诊(The Mental Hygiene Clinic)，此门诊应与内、外科门诊一律，职责是诊断心理失常之病人、治疗、出院后继续治疗与随访、研究精神病发生之原因及其预防。

设儿童指导门诊部(The Child Guidance Clinic)，吾人相信一个人之命运，皆赖其生活体验，所谓“染于苍则苍，染于黄则黄”是也。心理卫生运动，其出发点亦以儿童为对象，其目的在于研究及治疗有问题之儿童。此种儿童，平日皆为父母教师所忧虑；盖以其能搅扰社会安宁，此类儿童当事或过于活动与不活动、或神经衰弱、或性闷不语，甚或好发脾气、性虐、神经过敏、行为异常、偷盗、在校困难等。倘幼时不加矫正，成年后问题将更加严重矣。

四、精神病社会工作对心理卫生运动之贡献

精神病学者、心理学者与社会工作员合作之必要：心理卫生门诊处及儿童指导门诊处，至少必须有上列三项人员之合作，始能达成美满之效果。精神病学者系诊察病人失常之情形，心理学者系测验病人之心理，如智力测验、品格测验、感情测验等。但最要

者仍为调查病人之社会环境及其所招致此种心理病态之原因，然后调整或改换此不适合之环境，并鼓励病人以克服之，使其生活纳于正轨。凡此种种，皆非赖社会工作员之助力不可，故现在欧美之有此种设备者，莫不有社会工作员之参与焉。

五、社会治疗办法

精神病治疗，本应由医学、心理、社会三方面入手。已如前述，医学与心理非本书范围，姑不具论。但三方面工作，亦不能严格划分。以其息息相因，互为表里，非取得密切联系与合作，不克有效。正如患者之治疗，原则本为医学之所有事，而其属于社会方面之病理因素，自非药饵所及，是又不得不有赖于社会工作人员者也。兹依一般步骤，撮其办法如次。

研究致病因素社会工作人员，亦如医士然，根据种种资料（但大部皆为社会调查资料）研究患者罹病因素，如症结之所在、困难之焦点，由此而判断其病源。但亦有宜注意者，即判断之先，须先取得医士及精神分析家之参酌与同意，以免意见之分歧也。

治疗实施患者致病因素既得，依其次序，厘为意见书，然后逐步施行，如先对病人予以精神上之慰藉，变更其生活方式，利用剩余力量，改善其环境，解决困难问题（经济的或人事的）等。

善后，所谓善后云者即随访（follow-up）之意，此种办法，乃专对已治愈而出院者而言，至于其虽有进步而未痊愈者、绝无痊愈之希望者不在此例，即患者已愈而出院或已从事工作者，社会工作人员仍不能完全卸责。为防其再患计，宜随时访问，观察其行动态度，甚至营养健康等，访问次数可由多而少。例如，始而每周一次，继而每月一次，终至每年一次或两次，以至停止。

六、优生学之提倡

精神病与遗传有关，虽无绝对之定论，但精神病学家对此问题已十分注意，甚至认为精神病中有百分之六十至七十，系与遗传有关，如低能儿与狂躁抑郁性精神病，为其中之最显然者，此诚不可以等闲视之。精神病院社会工作员，宜与医师合作，向社会说明其弊害，促使注意，积极提倡优生学[①]。盖不仅有益于精神病之预防，且于国家民族与有利焉。（其已婚者可施行节制生育办法，如已有子女，应予以检查指导。其最显著之有遗传性精神病者，宜施行手术，防止其生育，能如是则精神病之繁殖或可有以稍减。）

① 优生学，指专门研究人类遗传，改进人种的一门科学。优生的目的是提高人口质量。——整理者注

第二节　精神病社会工作对诊断之贡献与调查方法

一、精神病社会工作对诊断之贡献

（一）诊断之要义

诊断(diagnosis)系精神病治疗之初步，此种疾病病源多，极复杂，无形迹可考，非有详细之调查，不能骤下诊断，无正确之诊断，又何言治疗。盖以此种疾病所用之诊查时间，常两三倍于治疗，精神病学家做精神检查(mental status)，其他医师做体格检查，心理学家做心理测验，精神分析家从事精神分析(psycho-analysis)，而最要者，却为社会之调查。由此种调查所得之材料以作参考，精神病学家等始能下最后之决定(实际上往往系各专家与社会工作员开个案讨论会时决定之)。

（二）贡献之简述

将病人出生以来所处之社会环境、家庭背景、个人历史、致病原因、病时象征等所有之调查材料，供给医师等之参考(其详细节目请参阅附录)，且可助精神病学家早下诊断治疗之程序、药物之配用及住院之久暂等。

社会工作员因做调查，最先与病人家属接触，可作诸专家与其家属间之媒介，对诊断及治疗方面，皆有莫大之俾助。

因做调查时，常有意外之收获，如取得病人亲友之关心、家庭之信仰、社会机关之兴趣，并使社会明了医院之情况，以求进步之合作。

社会调查之材料，可供学者及关心社会问题者研究之材料。

二、精神病社会工作调查法

（一）调查之步骤

第一，与伴送病人来院者之会谈。精神病患者之入院，不外两种来源：一为私人送来，如病人之家属、亲友、雇主等；一为公家送来，如警察局及各机关等。此等病人，因精神失常，常自家中逃出多日，不知去向，直至被警察发现，始送来院。又有无亲友者，亦多如是。社会工作员当病人在门诊处候诊时，即应与伴送者会谈，做初步之调查。此项调查虽系属初步，但以愈详细愈好，以作将来调查之线索。其为警察等送来者，亦向其尽力寻求线索，及病人在拘押时之情况，更取得警察之合作，代为寻找病人之家属。

著者在北平工作时曾记有一老警察，系该局专门派其护送精神病人来院者。此人颇和蔼可亲，对病人亦爱护周至，每送病人至院，必先由病人口中询问其住址，尽力将其家属传来。其本人亦尽其所知，将病人经过情形告知社会工作员，于调查方面助益颇多。

第二，与病人本人之会谈。病人虽为精神病患者，俱多数亦有清醒之时，故社会工作员宜乘此时机与病人尽量谈话。此种材料，一方面可作进一步社会调查之线索，同时亦可助心理检查之辅助，盖与病人谈话不厌其繁复，一病人可由各专家轮流会谈，以便获得更大之效果也。

第三，外出调查。社会工作员由伴送病人来院者及病人处得到初步之调查资料后，即应外出拜访。首宜拜访病人之家庭，其次即为拜访对病人有兴趣者之个人，第三即拜访与病人有关之各机关（有时亦无此必需）。

（二）调查之方法

第一，社会工作员不论与何人会谈，态度要从容不迫，其调查之原意，务必与对方言明。对方所报告者，虽未必尽属确实，但亦应加以鉴别。总之，社会调查要以所得材料之来源愈多愈好。

第二，精神病社会调查项目繁多，若有某项遗忘，即不能窥其全豹，熟练者固可凭记忆不致遗漏，新加入之工作人员，最好按调查大纲（本书第五章第三节）询问。不过，此种方法在院中可以利用，若外出拜访时，即宜先将问题想好，然后再行外出为佳。

第三，我国多数家庭仍认为精神病是一种耻辱，故调查者对此点应注意，万勿向病人亲友妄下断语。此外精神病人之性生活，占病人生活中极要部分，有时需男女工作员互助，如用男与男性谈话、女与女性谈话办法，则便利许多。

第四，调查时不宜只注重病人物质之环境，更应注意关系方面(relationship)之情况，如病人与家人、同事、上司、亲友、未婚夫或妻所处之情况，平日之性情举止言谈等，皆为注意之要点，其物质方面反为其次要者。

第五，宜详记书中之精神病社会调查大纲及精神病检查大纲(附录)，以作调查之指南。

（三）著者做社会调查之经验

伴送病人来院之亲友，多因受病人在家之缠绕，精神已受刺激，加以住院之种种手续，遂益形烦恼。如能经安慰后会谈最好，不然可约其再来。但此限于为病人之长辈或子女者，其为弟兄姊妹者，即宜慎重。若为病人之夫或妻者，则以当日会谈为宜。

病人虽精神反常，但其所言者亦有可靠之处，个案工作员遇有无可依靠之病人，可慢慢向其探询，有何亲友可资借助，即可于山穷水尽之时，有新资料发现。曾记有一妇人，由警察送院后，向无人探视，俟两月后其精神稍清时，由彼得知其出嫁姊之住址，平日即住其姊处，姊夫为一泥瓦匠人等情况。著者即按其地址前往，至时果有此人，其姊闻其住院，非常高兴，将经过完全告知。盖病人自犯病后时常外出，此次于某清晨即外出未返，又无处探询，至著者访问时始解忧。

病人亲友有因种种原因避匿不见者。有一某大学毕业之女生，家中只有母女二人，母亲因信佛教，即住于某庙内。此女患精神病后，行为自不检点，颇为其母所不悦。加以其女成精神病人治疗已用去过多，故不欲再为病人消耗，此女子系因搅扰一大旅店而被送至警察局者，住院后虽经病人告知其母之住址，但工作人员去拜访时，则先避不见，后虽得见亦坚不承认。至最后将病人伴往，始无他言。此等事并不罕见。此外如家庭之不合作、不告知任何消息者有之，此尤以士绅之家为多。

遗传与病人从前是否犯过此病、犯时做何情况及久暂等，皆为不易调查之事项，报告者非模糊不清，即以有说无。调查者至此，必须引导报告者溯及既往，果有此事实，即将其所形容者记下，以便与其他专家参考。

第三节　关于治疗方面者

一、与医生合作从事治疗之办法

从医生处获得消息：社会工作员宜从医生处得到关于病情之试行诊断(tentative diagnosis)、治疗程序及对病情之预测，以作社会治疗之指针。此外并应于医师巡察病房时，随同前往，以便聆悉医师对病人之意见，观察病人进步之情况，并可与医师讨论治疗之意见等。

与医生开会：与医生等规定每月开会若干次，将自己对每个病人所做社会治疗之进度随时报告，并可讨论其他有关问题，借此可得各方面之意见，并使彼等对汝之工作保持兴趣。

对旧病人万勿忘却：医生因工作忙迫，对旧病人不免忽略，社会工作员万勿养成此种习惯，若逐日总为新病人忙，以致耽延治疗；日久病人增多，无暇为旧病人治疗。以著者经验，不至病房时，即将其忘却；见到时对彼之社会情况，亦模糊不清矣。

对特殊问题宜随时调查：社会工作员所做之调查，不论如何详细，终难免遗漏，医生等如有何特别之点询问时，工作员宜随时前往调查，关于治疗有何建议，总以试行为宜。

代医师向病人亲友解释治疗之程序：其有需施行手术及特别治疗者多为对某种精神病所发明之新治疗法，如精神分裂症之用胰岛素(insulin)①，可代院方劝导其负责人办理签字手续等事，此盖因渠已早得病人亲友之信仰也。盖以院方办事人，恒只知催使病者亲友签字，不加解释，反引起彼等之疑窦，因之不接受治疗而出院者有之。

---

① 为精神分裂症患者注射胰岛素叫胰岛昏迷治疗，由于治疗方法复杂，需要专门的设施和受过训练的人员监护。由于治疗周期长等因素的限制，该治疗方法已被更安全、更方便的抗精神病药物取代。——整理者注

二、与病人会谈及治疗

与病人会谈，在精神病治疗中占极重要之地位，早为各专家所公认，社会工作员宜分担一部分医生之时间，与病人常相会谈，使病人对工作员产生信心，将心中之积闷全部倾吐。工作员又可借机予以开导，则收效之大常出人意料之外。著者于从事此工作时，最喜与病人会谈，特别与一部分精神兴奋之病人，讲话滔滔不绝，多为彼高兴之事，可引人发噱。直至彼对工作员产生信仰后，则唯命是听之情况，又令人有无限之慰藉。兹将与病人会谈时应注意之事项列下。

如何得到消息。病人因疾病种类之不同，其行动亦随之而异，有自己找话说者，有不问不说者，有毫无情感表示、虽问亦不吐露一字者。社会工作员对第一种之病人，应设法引其入正题，以期达到谈话之目的。同时彼所漫谈者，亦应一并记录。对第二种病人所问之问题，宜以不伤病人之精神为要，慢慢引其多谈，亦无不可。关于第三种病人，有时用药剂帮忙，催其答话片刻，有时彼忽自言自语，或大声喊叫，可记录下来，以作研究之材料。同时对其面部表情、手脚动态、坐卧姿势皆应注意，与诊断治疗有莫大之帮助。

至于会谈技术，其首要者，即工作员万勿装腔作势，作恫吓威胁之态度，应心平气和，表示莫大之同情，使病人不生疑惧，然后彼始吐露真情。此等人虽患精神病,但其心中并不时常糊涂,不过彼等疑心最重,此点最宜注意。若病人谈至伤心时痛哭不止,工作员应立即分其注意力,如改换题目或令彼想一件过去最愉快事等皆可。

应注意之事项。会谈目的,在恢复病人之自信心及由其自造之幻觉境界,引其重新面对现实生活,此诚为不易之举。故除应于谈话技巧注意外,并宜布置一很适合安静之环境。若能有一床,容病人躺卧讲话更佳,工作员于谈话后,即须将所谈记下以作进步之记录,直至病人完全悔悟,即精神分析家所谓之转变(transfer)而后已。于此有两点须注意者,即谈话对象必须由精神病学家代为选择,因病人精神已衰退(deteriorated)过深者效果极小。此外时间亦为一问题,有时非数月或经年不可;病人若不能长期留院,即不适宜。

三、职业治疗(occupational therapy)之实施

职业治疗之组织及用途。职业治疗,为美国各大医院新兴之一种组织,系利用各种手工艺,如织衣、刺绣、做玩具、绘画等,使普通病人可以减去其长期疗病期间之寂寞,精神病人可借此恢复其现实生活。盖精神病人因自卑情绪(inferiority complex)及妄想幻觉等,已远离现实生活,若领导之做各种手工艺,彼自己能有出

品，并为他人所称赞，则尤易恢复其自信心及认识现实。再者彼由工作中可得金钱之报酬或奖品，更能使彼高兴。至于精神恢复后或可从事此种职业，更不论矣。

职业治疗部门在精神病院中既占重要地位，应设职业指导人员若干人专司其事。指导员须对精神病知其梗概，而对各种家庭手工艺熟知者，最好能为受过训练之女性，性情温和而有耐心者。

施行职业治疗之手续。送病人至职业治疗部，必先经医师推荐，通知社会工作部（可参阅附录“职业治疗介绍卡片”）言明病人须从何时起、至何时止，每日应有若干小时之职业治疗，然后社会工作部再填注此病人以往系何职业、有何专门技能，以作职业治疗指导员分派工作之参考。同时医师亦通知护士部，按时接送病人至职业治疗部。病人从工作日起，该部即应记录其工作状况，并随时与院中各部取得联络以推进治疗之工作。

实施职业治疗之一般前北平精神病医院，即有职业治疗部门，兹特叙述于此，以见此种工作之一斑。该院职业治疗部系属于社会服务部，其经费则由院中担任之。该部之指导者，为一年三十许之女士，曾在北平协和医学院从一职业治疗专家（该院有此设备，系请一美国女士担任指导）学习而成者。此人寡言力行，技术高超，将男女病人分为两室工作。男病人之工作有钩小块地毯，桌上织机织男女围巾，用泥做各种玩具人像、洋娃娃，编藤工，绘画，习字等。女病人之工作，则有缝纫、刺绣、绘画、做手帕、洗衣等。上下班由护士接送，每工作室皆有一护士帮同管理，秩序井然，很少有殴斗事情发生。病人与职员相处如一家人，其有于工作中犯病者，即送回病房休息。此女士对病人循循善导，颇有助于治疗。最有趣者，即病人常自己独出心裁，制出各有趣之物品。有一幻想发大财之病人，绘一大山脉，其中产各种金银矿、元宝等，医生按其所绘之图，得知其思想之途径焉。

四、与护士部合作实施治疗之办法

护士工作，在精神病医院中，较在普通医院者重要何止千百倍。在精神病医院中，护士之主要工作，为观察病人之行为，维持病室之秩序，领导病人之娱乐，报告病人之痛苦，亲友来会见病人时与亲友取得密切之联系。此外最要者却为该部与社会工作部之合作。因此两部工作之性质虽不同，但在医院之工作实不可分也。兹就著者之经验，将两部合作之办法列举于下。

与病人会谈时得护士之协助。社会工作员与病人会谈时，若系危险之病人（如好打人、摔东西等），必须请护士在旁监视（男病人有男护士，女病人有女护士），不如此，病人若忽然动手，一人恐无能为力。著者曾知有一医生，忽然被病人掐住喉咙倒地，若非一夫役解救，险致丧命。其余在谈话时，忽然被打等事，更属寻常，此不可不注意者。

护士记录之价值。社会工作人员不能久在病室工作，病人特别行为、语言，对其他病人之关系（如好与其他病人交谈、管闲事或忽然哭泣、微笑、大笑、整日卧床不起、蒙头睡眠等许多特状），皆赖护士之记录及报告，使社会工作员得到治疗之线索。

娱乐事项之协助。平日应由社会工作部与护士部等合办娱乐事项，如使病人下棋、玩纸牌、打各种球、读书、阅报等。病人于游戏期间，皆应有护士跟随，此对提高病人之兴趣及减却病人之幻想大有帮助。于年节日，并可组织游艺会，使病人扮演各种角色，或开运动会，使病人分队比赛，此皆为治疗之手段。著者曾为此娱乐会主席，与各部合办游艺会等，并邀病人亲友来参观，病人歌唱或演剧时，台下人看去实不知此即为病人也。其平日之预备及试演等，皆有赖于护士之协助。

意外消息之取得。按著者经验，每于看视病人时间，或不定期间，常有社会工作员所会不到之病人亲友前来探视。按医院探视规定，病人须有护士在旁，社会工作员可先期告知护士部，欲会某某病人之亲友，到时即可由护士部将探视者送来。此外护士并可代为观察病者亲友对彼之态度，转告工作员以作社会治疗之参考。

五、其他社会治疗之方法与举例

假释办法之试行病人如已见愈，并经医生证明，可以试行出院。社会工作员可先通知其家属安排，然后伴同病人回家探视，再使病人回家试住一二日后返院，直至家庭与病人皆认为可以出院时为止，此可免去病人于住院多日后忽然改换环境，有不能适应之苦。

外出工作之试行病人如系须自行赡养家庭者，出院后当须重行工作；即非养家者，能工作亦可免其幻想或再犯病。著者为此曾召集院中职员合同捐资，在院外开一木料玩具工厂，做各种活动玩具，如飞机、马车等，涂以颜色，加以油漆，挑选病人由护士伴往学习，收效极大。彼等虽使用各种铁器，向未出何是非，每二三日由其自己手中出一玩具，其兴奋程度实不可以言喻。病人出院后一时无工作者，仍可继续前来，此亦为一治疗之办法也。

各种工作之试验。当病人住院时，应按病人性之所近，做不同之安置，以达到社会治疗之目的。如著者曾安置一前清秀才，在职业治疗部做书记[①]，记录每日来去病人，并有二三病人，助其填写工作进度表。一曾留学之病人，教一班病人之英文。数病人帮助

① 书记，旧时指从事公文、书记工作的人，也专指担任抄写工作的人员。——整理者注

厨房煮菜、送饭、打扫庭院、担水等工作。女病人有安排为洗衣者，有喂不能动作女病人之饭者，司理清洁者，管厨房账目者，公事房及病室之装饰者。总之，病人于住院时，除予以医药及精神治疗外，工作治疗亦不可忽视。当医生认为可以工作时，社会工作员宜尽可能早日安排其工作，并随时夸赞之，予以鼓励，影响病人之进步颇大。

第四节　善后处理

一、善后处理之要义

善后处理，即病人出院后所施行之种种安置办法。其目的在使病人能恢复原来社会上之地位，及预防其疾病之复发。著者曾对复患病人做一研究，发觉此为极端严重之问题。出院病人有百分之四十左右，因重犯而再要求住院。此百分之四十中，又有半数以上系患过两次以上者。社会工作员之主要工作，即针对此问题做种种善后处理，以达到上项之两种目的。不过此地应注意者，即善后处理，并非将病人随便安置，即算了事。在安置前，社会工作员须对病人社会环境有彻底之明了；对病人有关之人，须取得其同情与合作；又必须合乎医师等之意见；最后仍须按时随访（follow-up），能随时与病人接谈，并观察其社会环境，以做适宜之指导。

二、善后处理之种类及办法

在病人自己家中安置者。病人出院后，即过其家庭生活，此以女病人为多，一部分经济充裕之男病人次之，但必须为病人之日常生活有所安排，家人彼此间之关系有所调整，务期扫除其疑窦，使其安心。如彼平日疑其夫有外遇，即应劝其夫按时回家，或由其夫于暇日带其至公园郊外散步等，皆系一种去疑之办法。有时因妯娌不和必须分居时，可助其析居等。此外，如绘画、缝纫、洒扫、读书、种菜、煮饭等家庭之工作，皆可就其性之所近，以安排之。

安置其重回旧日工作者。此则赖社会工作员与其雇主取得合作，可使病人试工，先去时钟点要少，然后逐日增加。其对工作有何不适之处，可代请求更换。要劝病人同事，万勿以精神病人视之，以避免病人受刺激而复患。因病人虽已出院，并非完全痊瘉，不免有时有一些特殊动作，若旁人借此嘲笑之，常使病人感觉不安。

为病人另谋工作。此全视病人之背景而定，用心用力，全无不可，只要非勉强性质为佳。其贫苦无力而欲做小本经营者，可酌量贷与以资本；其能写字者，可代为谋一文书职业。种种工作，不一而足，全视工作员平日与各机关之联络为定。盖此项病人，最适宜于介绍当地之各种社会机关，采取试工性质，但此必赖各机关对此种病人确切明了，不能以精神健全人对待也。

筹设农场以安置病人。据美国各精神病医院之经验，病人出院后，以安置于农场工作为最得计。此因农场多设置于乡村，生活比城市简单。农场工作又不需多费思想，不论种植或畜牧，经其亲手培植、豢养，皆觉得格外有趣。此外新鲜空气及充足之阳光，皆能使精神愉快，身体健康，更于病人有莫大之利益。至于由出产而有经济之来源，更不论矣。此种农场，可由精神病医院附设，由社会部管理，或由社会工作员代为介绍适宜之农家亦可。

将病人安置于寄养家(foster home)。此办法系将病人寄养于一适宜家庭，由病人家中按月出费用，或由社会部济助一部分，此全视病者之经济状况而定。选寄养家时，必须人口简单，对病人性格完全明了方可。如女病人可助理家务，男病人可操劳作，其主要目的即为改换病人之环境。此法在比利时、丹麦及美国皆颇著成效，在我国可试行之。但对于一般儿童需改换环境者，著者曾试行此法，结果甚为圆满。将来或亦可推行之。

由精神病院录用者。著者在精神病院工作时，常见有许多病人于住院多日后，已喜欢院中生活，虽应出院亦不愿去，多自动要求院方给予工作，以期常与院中职工接近。社会工作员可按情形设法安插。于近路者，可安排其回家住宿，与其家庭即不致隔阂，一俟病人在社会上再有较佳之位置，并能逐渐独立后，即可将其在医院之职位让与他人。此等病人可做抄写、教师、看守、厨役、洗衣、缝纫等种种工作。特别做看守时，较一般看守均为适合。因彼自己曾身受其苦（常有无知看守于夜间，或背着护士虐待病人之情事），对病人之照顾更为周到。前北平精神病院中，曾有十数已愈之病人回院服务。其中有一四十五岁之病人，因有理发技能，即被雇为该院之理发师。全院病人及职工，皆由其理发。除脾气稍显固执外，于该院工作近三年，并未重患旧病。

改正其习惯或消除其病根者。饮酒、吸食鸦片等毒品，日久皆为致病之原因。病人在院时既为之戒除，出院后宜按时随访，使勿再犯。其有花柳病及心脏病者，监督其家人，按时送至医院治疗。社会工作员应先与某医院接洽，并宜常去考察治疗记录，借知其治疗有无中断及治疗情形。

无痊愈希望之精神病人善后处理办法。精神病为一种极不易治疗之疾病，一般经普通之治疗后，可分为已愈者、进步者及不能愈者三种等级。著者曾以二百病人做此项调查，结果未愈者占百分之三十有奇。苏州伊利沙伯精神病医院[①]研究一九三〇年一月至六月三十二个出院病人中，治愈者只有八人，其余则可称为有进步及不能治愈者。此种不能治愈之病人，有为先天者，如白痴等；

① 苏州伊利沙伯精神病医院，现苏州市广济医院，于 1923 年由美国传教士 Wilkson 创建，是我国最早成立的精神病专科医院之一。——整理者注

有为精神衰退已深，无法挽救者。凡此病人皆宜毕生受机关之监管，始不致扰乱社会、危害他人。欧美各国皆有低能儿学校之设备，专门教此等病人一种简单技能，使其安心；社会工作员宜力倡此事，以为此种精神不全之病人谋幸福。在北平曾有一基督教私人所办残废院，收容此种病人不少。

至于精神衰退之病人，可分为激烈与不激烈两种。其激烈者，其手足必须加以约束，不然即会伤人，或伤其自己；其不激烈者，多终日埋首床头，任何事情皆不能引起其兴趣，或自言自语，自认为与鬼神相交谈，其甚者即排泄皆不能自理。社会工作员可与当地主管机关合作，择一公屋，以收容此等病人。家中经济宽裕者可出膳费，其贫穷者即由政府负担，如能在救济院收容一部分亦可。

其他善后处理法。以上列举者，只系荦荦大端。此外，其他办法正多，全赖社会工作员之创造力，按病人之情形及其社会之环境而定。病人出院后，有一适宜之安置，非但病者受其惠，社会减少许多负担，即工作员本人，亦有一番安慰也。

三、社会治疗之举例

以下之例，皆为著者及同在北平精神病院时所做之善后治疗之个案。此种个案极多，于此只列举数事，以作从事此种工作者之参考而已。

例一：

某男病人年三十许，曾在军队充伙夫，一旦患病，将同事用碗打伤，其后每隔月余，即患病一次，遂为军队开除。其家系在北平乡下，父母早丧，有一叔对彼亦不关心，因之遂流落于北平街头，做小工生活；忽一日旧病发作，窜至一住宅，将一老妇打伤，并将一桶水踢倒，后遂为警察所捕，送院治疗。据病人言，彼于患病时，神志即模糊不清，所见之人，皆视为怪物，必欲除之而后快。经诊断认为与其生活自小即无人指导及教养有关。病人于住院时，帮助厨房工作颇勤奋，出院后，若任其飘荡，必将复患，甚或危害他人之生命。著者在院每日与其长谈，已深得其信任，并定好彼出院后先由社会部帮助，做一小本生意，再做其他安排。著者先与协和医院饮食部商议，由病人逐日供给一部分之鸡蛋，账目由著者代管，又得病人之同意，出院后试行。

病人于三个月后出院，由著者代彼觅一住处，自己炊饭，每日到乡间收买鸡蛋，次早送至医院应用，因其所收鸡蛋新鲜可靠，价目又公道，颇为管理员所喜。后因院方需要增多，著者遂又安置一病人同做此生意。著者因见病人经过良好，又进一步计划养鸡事业，由病人负责，经数度之讨论后，病人非常高兴。即由著者集资，在西山某村觅一院落，由病人帮助建好鸡房鸡场，经济由著者代理，并安置彼与一邻居老者共炊。前做之鸡蛋生意，遂另觅一病人接做。病人在乡间过农人生活，精神非常愉快，体重亦增加。其所养之鸡，于数月后皆强健肥大，除供肉食者外，又可生卵。病人之生活解决，精神安定，从未再患前病焉。

例二：

某病人，年三十四，孀妇，北平人。

诊断：抑郁及激越性精神病。

家庭：女十岁，夫兄布贩，嫂，二侄，小姑二十二岁。

经济状况：兄经商，嫂、小姑、病人糊火柴盒；草房五间。

致病原因：与嫂及小姑不和，自己及小女不能添置新衣，又多赖兄度日，自卑情绪颇重。

患病情形：忧郁，惧人耻笑，总觉受人批评，常整夜哭闹，骂人虐待小女，有自杀图谋。

此病人由其兄嫂伴送入院时，默不作语，住院数日内，皆以泪洗面，默不作声。著者一女同事，逐渐与其认识，由谈话中知其嫂姑欺其孤寡，家中因其母女增加负担，常露令其改嫁之意，彼因念其夫之前情，及恐小女受委屈，不欲再嫁。但此种环境颇难忍受，心中万分矛盾，先是失眠，后起悲观之念，衷心抑郁，日久遂成精神病焉。

社会工作员与医师等讨论，先使病人入职业治疗部工作，然后再逐步予以社会之治疗。病人在该部先学做手帕，后做衣服，病人平日即能剪裁，经此训练，进步颇快。其小女由工作员送至一半日学校内，此校为女青年会所办，供给书籍笔墨等，每日并有半磅豆浆免费。社会工作员于病人住院期间，常去其家庭拜访，将病人心中之苦闷向其姑嫂解释，日久遂取得其姑嫂之同情及夫兄之合作，今小女在家已得到实惠。由工作员之劝导，其姑嫂亦常到医院会见病人，每次还为病人带些食物，使病人更为欢喜。正值某教会拟开一缝纫班，收容贫苦教友之家眷。先由社会工作员之介绍，病人得为该缝纫班之助理（技师亦为女性），每月薪金较病人做糊火柴盒之工资增加三倍。教会并有宿舍，其小女亦蒙允许随病人食宿。病人出院后，即直接至该班工作，社会工作员每星期皆去访问两次。彼则精神畅快，饮食睡眠极佳，病人对工作又极努力，星期日即回家与其姑嫂会谈，感情极端融洽。病人于圣诞节时，与小女皆着新衣与会，有说有笑，与当日患病之情形，实恍若隔世之人。

例三：

病人某，男性，年四十三岁，北平郊外人。

诊断：狂躁抑郁性精神病。

家庭：妻，子务农，子媳。

经济状况：草房三间，地四亩，代人看坟，年得一份报酬，病人糊顶棚手艺，有一部分入款，生活尚称安定。

致病原因：于某日忽有军人数人，将彼所看坟墓之树砍倒四五棵运走，病人拦阻不听反被殴打，遂罹此病。

患病情形：病人患病后数夜不眠，高声唱骂，喜在外面捡拾砖头碎物，并将有用物品任意改造。言其妻与军人通奸，禁其外出，即其子媳亦加以打骂，有时大声痛哭，不与人交谈。某日攀登电杆，将电线割断许多，遂为警察所捕，由其妻伴送医院。

善后处理之结果：病人入院后，精神非常兴奋，拿东动西，手脚不闲，但无向人吵闹之事情。经社会服务部与护士部之监督，先令病人在院中锄草及挖土平整操场之工作，此可消磨其过剩之力，做有用之工作。一月后，病人已安静如常，即令其代医院糊窗户及顶棚。彼工作极佳，亦未复患，即出院回家。

社会工作员已与其家人约定，病人每星期来院工作三天，由院中付以工资，借以观察其行动。又与坟主解释砍树之情况，并转告病人。因病人恐坟主疑此树系其自己砍掉，心甚不安，至此时始释然。病人按时来院，经过良好。曾记一日将其家所种之大南瓜带来，送大家佐餐。以一精神病人，如此转变，实为难得。数月后，又由工作员将其介绍至一裱糊铺做工，每月皆有一定之入款，工作员至少每隔两星期即去拜访一次，院中工作亦由其铺承做，病人至此，已忘其所患之病矣。

例四：

病人沈姓，男，年四十六，北平旗人。

诊断：精神分裂。

家庭：妻，二子（十岁、十二岁）。

经济状况：瓦房一所；自己教私塾，稍有积蓄，家道小康。

致病原因：未定，病人平日性情内向，好疑，曾有鸦片嗜好。

患病情形：疑其妻与邻人通奸，于某夜半忽将其妻喉咙掐住，经其妻力挣始脱。常自言自语，声音低微不可辨。有时听见有人说话，多疑为对彼批评者。整日闷坐房中，不敢见人，屡图自杀未遂，后经邻人劝说，始由其妻送至医院。

社会治疗之经过：病人住院后由护士部严密之监督，以防其自杀。社会工作员每日向其开导，引其将自己之衷情讲出，彼不好谈话，由工作员与之商量，每日写一部分出来，此亦一种会谈办法，因有些识字病人，多喜用笔写故也。此外又劝其每日写日记，交工作员阅看，由此得知病人心中许多衷肠及思想，彼之表示颇欲做一些事以安心。后经医师建议，先送至职业治疗部工作，以观后效。彼至该部后，即帮忙抄写记录工作，嗣后点名之事，亦交彼管理，井井有条，丝毫不现忙迫情形。当时该院社会服务部与护士部合办一壁刊，鼓励病人投稿，每次诗词绘画文章小说，琳琅满目。病人亦常有文章发表，其自信力已逐渐恢复，该壁刊之抄写事，亦委其办理，每月由院中津贴以若干费用，此并非因病人穷困，实系一种鼓励也。

病人在院时，即将嗜好戒除，所听幻音亦不再有。由其妻常来看视及工作员之解释，彼之疑心亦去大半。其后病人出院，仍请其每日来职业治疗部工作，每日回家吃饭，来院住宿。著者常随同其家中，见彼对家中之事已关心，彼亦喜伴送其子赴校。后遂由工作员建议，每逢周尾来家住一二日，结果亦良好。不过据其妻言，彼唯一表示，即不喜在该房舍居住。工作员为去其疑惑，使彼安心计，即帮助其妻将住房典出，又在他处租一住房。病人至此，其怀疑之心，业已冰释。但此新住址离院颇远，来往不便，著者为防范其日久对其妻再生疑惑，遂与其妻及病人商量，用其典房钱之一部，在其门口开一小杂货铺，由彼夫妇照管，生意颇不恶，病人遂回家住宿，与其妻朝朝相处，其乐融融也。

第五章　精神病社会工作个案记录方法

第一节　精神病个案记录之意义及用途

一、病案史之意义

凡来院之精神病人（以下皆指住院者，因精神病人不同普通病人，除非有特别情形，多先收入治疗），皆有一编号之病案，以作诊断、治疗及研究之根据，并应有专人司病案之管理，以免遗失零乱之弊。此病案包括住院处、医师、精神分析家、心理学家、社会工作员、护士及职业治疗员之各种记录。但病人未出院时，各部之记录，皆在其各该部保存，以便逐日增填。各专家可随时参阅彼此之记录，一俟病人出院，即应将各种记录交病案室集为一本，以作参考。但若欲有某种情形需极端保守秘密，如精神分析记录，则可由其本室保存。

二、社会个案记录之用途

精神病社会个案记录，包括调查、社会诊断及社会治疗之种种材料，平日开会时应当众宣读。因精神病之诊断非明了病人之社会背景不可也。北平协和医学院训练学生学习精神病学，即由学生报告病人身体及精神之检查。社会工作员报告其社会状况后，始讨论其诊断为何。工作员自己对每个病人之社会情况、治疗经过，更赖记录以作参考。此实为精神病院社会工作中重要步骤之一，其从事此种工作者不可不慎。

第二节　精神病社会个案记录法

一、记录要不厌其详

精神病系一种复杂之疾病，各种记录皆应愈详细愈好，医生对精神病之检查记录，常有多至数万言者。社会个案记录更宜如此，虽细微之点亦不可忽略。因精神病学家及精神分析学家，常由微细处发现疾病之原委。至于消息之写出，当为费工夫之事，若能用打字机打出更好。美国多利用录音机，即工作员面向此机讲话，打字员任何时皆可将此机开放再行打出。

二、当面记录或背后追记

此全看各个案之情形而定，普通知识水准低之人，猜疑性少，可当面记录。亲友态度恳切者，当面记录亦可。不然，最好于会谈后再追记，但不要隔日，因人之记忆，对琐碎事最易忘掉而失去真相。关于当面记录者，除非该工作员之组织力最强，仍以先将其重要点写出然后再整理为宜。若随问随写，常使对方耗费好多时间等候，写出之个案，反易杂乱。若不得已将印好之问题纲要作指针亦可，著者最初常利用此法。

三、社会个案记录之顺序问题

个案记录，向无一定之方式可循，但以著者之意见，总以愈使其顺序愈佳，即由病人之遗传、出生童年一直至其患病为止，全按其年度之先后为依次。下节之个案记录纲要，即以此原则为准绳。

四、与病人谈话是否并于社会个案记录内

病人之自述及其他，因彼等系精神失常之人，不可混于社会个案记录内。此种会谈所得之材料，系属精神检查，宜置于精神检查案中。所用纸张之颜色亦不同(社会个案记录纸多用黄色者，精神检查记录纸则用白颜色者)，此应注意。

五、个案记录之纲目问题

此种个案史可如故事般一气写成，不必标出纲目或分段，而于每段冠以纲目，此纲目即将一段之内容提纲挈领，注出之谓也。按著者经验，以将纲目标出为佳，因每个个案多有一长篇记录，他人多无暇将全篇读过，只有翻阅其欲知之一段来读，可节省许多时间。即于开会报告时，有时亦宜将摘要向众宣读，免使人坐久生厌，若自己熟知此历史，可随问随答。

六、陆续记载

陆续记载，为每个病案不可少之手续，工作员对每一病人所做之工作，应随时填写于病案上，注明日期，并须签字以资证明，万勿将病案写出或打出后，以后之工作即忘记填写。著者常见工作员为某病人之善后工作花费不少时间，却未陆续写出，以致失掉该病案之价值，诚属可惜。

第三节　个案记录之纲要

一、实证材料

记录人、年、月、日。

病人姓名、性别、年龄、籍贯、结婚否、住院号数。

报告者：姓名、住址、与病人之关系。

住址、通信处。

来院情况：何人或何机关送来，为何送来，送来时之情况（如系捆绑或其他方法等），病人之衣着、表情（如好动、静默、痛苦、高兴等）。

住院次数：第一次住院者，或曾住过院者，次数，年、月、日（可翻阅旧案作参考）。

二、家庭历史（应调查父系母系双方直至上两辈止）

家中人口与病人之关系、年龄、职业、入款。

遗传及其他影响病人之精神种种问题（兹以父母作例）。

父母彼此原系亲戚否，年岁距离若干，父母之心理特点如何（性情、脾气等），有何特殊贡献（才能或反常特能）。

脑筋或精神错乱：有一人有神经病否，系何种现象，有否抽风，按期头疼，偏头风等；精神衰弱，癫痫，智力不足，精神病，现象如何；曾因此住过院否；何地、何时、住多久、多大时；病人出生时期之迟早；有何其他错乱情形。

其他疾病：体质疾病、花柳、肺痨、糖尿症、骨节炎，饮酒及其他毒品嗜好，用多少（每天、星期、月），时期长短（年），结果，有昏迷、手颤等情形否。

犯罪及自杀：犯罪否，何罪，曾受法律制裁否，何种惩罚，自杀或未死，在何情形下。

父母平辈(叔伯姑舅等)缺点：早亡死因，生来不全，失明，聋，哑，抽风或精神病，神经病，住过院否。

祖父母与外祖父母：如有遗传特点，并兼有以上问题。

病人平辈：是与病人同父母否，按次序(男及女)记年岁、死亡年岁及原因，并以上问题。

三、病人历史

出生年月、在此地住多久。

生育：生前状况，生产困难，用工具，何种困难。

童年：受伤否；愤怒、梦行、夜惊、恐惧、抽风否，起始年岁，延长多少年，每次时间及详情(失知觉，部分或全体，进行如何)；曾否患软骨病；曾生何种其他疾病，何时及结果；多大生齿；何时学走；何时学说话；有尿床毛病否；独睡或与父母同睡；好自己单玩或喜与其他儿童共玩耍；爱哭否。

读书：何时起始入学；与师长之关系如何；与同学之关系如何；逃学否；聪明、平常或愚笨，对何种功课特别有兴趣；在校参加何种活动；竞争之精神如何；中途辍学否，为何；幼年犯罪；对社会趋向，自卑心理。

职业：何种职业；入款若干；做多久；兴趣；对上司之感情；对同事之感情；从前做何事，做多久，有何成功，为何离职。

性情：内向——好独处，不好讲话，见人怕羞，易激怒，自思自念，怕批评，不活泼，慵懒，好执念小事等特性。外向——天真、活泼、喜交际、好言谈、对小事不在乎、乐观等特点，皆为性情外向之人。混合性者——即不偏于内向或外向之人。

性欲：性欲发展及功能——应追溯青春期至危险期之一切经过；心灵性欲范围内之兴趣及活动，儿童时代好奇心，手淫，儿童或成年生活反常之恋爱性（同性爱等），生活之反常及偏邪。

结婚生活：已未婚；何时结婚；对方在世否；结过几次婚；结婚生活快乐否；若否，为何；对方有生产、淋症等否；月经何时起止，正常否；有否打胎或小产（次数，何时，如何打法）；有多少小孩（按次序说，性别，年岁，精神及神经病等）。

后来受伤及疾病：头部受伤或抽风或其他，淋症，花柳，有何治疗效果，其他疾病及结果。

饮酒：喝何种酒，日、星期、月、年，用多久，已否醉过，有谵妄性颤动否，愉快或不舒服。

其他嗜好：鸦片、海洛因、卷烟、鼻烟等，用多少。

四、精神病之历史

从前有同样疾病否；现象如何，有多久，住过院否。

原因及发生情况：现在之精神病系因意外或疾病；曾否因身体或精神受创；曾有好些时精神紧张，渐渐发生或忽然而来。

普通身体及精神之改变：病人性情有何改变；对妻（或夫）及小孩、朋友、邻居融洽否；他显示注视，或安静，或不安；受窘否；吃饭及其他习惯整洁否；说话多或少或哑，睡眠如何；每晚睡若干小时；正常否；吃饭如常或少；有否特别或反常食欲；按时用饭否；食欲不良或拒食，未病时体重多少；此病起后身体有何改变；说话颤动否；秃顶或有白发。

感情方面：抑郁，不正常高兴或无情。情感作用，易精神错乱：幻觉，妄想；听见特别声音否；讲何话；在屋各处乱看否；在屋角或墙下听否；有过被害或夸大念否；妄想常改变否；曾否试过自杀及杀人；原因为何。

智力及记忆之错误：显示智力缺点否；做事能按常规否；买些特别或无用物品否；显示记忆错误否；记住彼之约会否；认识朋友或亲戚否；常错认人否；每星期及月之各日全按次记住否；彼去过地方全知道否。

道德及法律之干犯：病人曾否犯法及破坏道德；如何犯法及

结果；自己对自己所做皆明白否。

其他：重复动作，僵直状，游戏态度，冲动等。

发病近因：精神受极大之打击，经济压迫过甚，环境因素，家人关系之不良，破产、失业、亲人死亡、战争、受惊、失恋、急性病、争嘲、丢面子、失盗、被遗弃、诉讼，种种原因不一而足。精神虽然很少是忽然而得，或为积年累月而成，但因忽然受刺激而发作者颇多。

五、家庭访问

家人之态度：对访者欢迎、冷淡，家人对病人之态度，彼此间之关系，家中之主事人，病人在家中之地位。

住室：房屋若干间，何种建筑；病人独居或与他人同居；屋中陈设若何；阳光充足、空气流通否；庭院清洁否。

经济状况：有地亩商铺等产业否；若干；病人系养家者或依赖何人；积蓄多少；负债典当等若干；依靠何种机关或个人帮助否；若干；工作员印象（富有、小康、勉强维持、不足、贫困等）。

六、其他访问

包括亲戚、邻居、雇主、同事、师长、同学、各机关、团体、朋友等，应注重发病之原因、经过、对方之计划与将来治疗合作之程度等，拜访之住址日期亦当记录。

七、病人在医院之经过详情

外表及行为：面部表情、衣服整洁、饮食、睡眠、安静、吵闹；自由行动；受工具约束；自杀行为；加入职业治疗部否；或做其他工作；亲友会见时态度如何；对其他病人如何。

八、社会问题之陈述

中心社会问题之陈述——如为婆媳不和、经济困难、夫妇反目、同事摩擦、失业、家庭或工作环境不良、被遗弃、失学、父母对子女教导不得法（如溺爱、偏向等）、不良同伴、诉讼不清、迷信、营养不良、经济损失，种种社会问题实不胜枚举。宜将其各个案之中心问题详述之。

九、社会治疗之计划

解决该个案所拟之步骤、各专家之意见等。

十、社会治疗之经过

包括在医院及出院后善后处理之种种经过详情，除本书第四章第三、四节所列举者外，其他社会治疗方法极多，如对病人父母之指导、精神病知识之灌输、家庭纷争之调和、社会救济机关之介绍、家庭经济之处理、取得法律之保障、读书之安置、闲时之利用、经济之援助，等等，全视该个案之需要为定，工作员应做详细之记录。

十一、随访①

病人疾病状况如何：痊愈、有进步、未愈。

工作状况如何：完全恢复工作、无定期工作、未工作。

对人态度如何：和蔼、不关心、仇恨。

平日心境如何：高兴、忧愁、悲痛。

如何利用闲暇时间：读书、散步、游玩、去娱乐场所、赌博、其他。

身体状况如何：健康、衰弱、生何重病。

精神病复发否：次数、原因、病状、时日、如何治疗。

家庭经济状况：较好、如前(指住院时)、更坏。

家人对病者之态度如何：特别关心、关心、不关心。

其他：工作员于随访时观察所得而列入上项者。

随访者姓名：

年　月　日

① 随访工作除特殊情形外，可在病人出院后，隔两个月、半年、一年、两年、三年、四年、五年随访一次。

第六章 精神病社会工作之教学与研究

第一节 精神病社会工作之教学

一、教学之重要

精神病既为一最严重之社会问题，而此种社会工作又为最繁难而复杂之工作，吾人欲借此工作以解决此社会问题，必须严格训练人才，以期有适当之人员担当此伟大之责任。此等人员虽无男女之分别，但必须性情温和，目光远大，智力高超，而立志终身从事此种工作者。不然只盲目训练，不但无结果，反空费人力财力，于事无补。人选既定，即应加紧教导，以必要知识予以充分实习。

二、教学之设备

此种功课不须单设学校，已至明显，凡各级医科学校、护士学校，各大学之有社会学系者，各专门之有社会工作课目者，皆可增设此种课程，使学生对此特殊工作有所认识，并借此以引起彼等之兴趣，以备将来专门从事此种事业。

精神病社会工作专门之训练应由大学三年开始，卒业后应先在普通医院社会工作部做一年之练习，普通皆由医院起始（酌给相当待遇），再转至精神病医院社会工作部实习半年或一年，即可任初级社会工作员矣。

三、教学之方法(一)

以下为大学课程。

（一）理论之灌输

普通心理学（此多为大学一年时必修课）；儿童心理学（以作从事心理卫生运动之基础）；变态心理学（为学习精神病学之基础）；心理测验（智力测验，性格测验等）；社会学原理（可于一年级时学习之）；社会问题（使学生明了贫穷、犯罪、疾病、儿童、家庭工业种种问题）；医院社会工作及精神社会工作之原理原则（以便实习时之依据）。

（二）实习之教法

各种社会工作之实习可送至各社会机关，如家庭福利社、保育院、救济院、养老院等实习，借使学生明悉各机关之组织功能，以备将来取得合作之用。如时间不许，亦应到各该机关及各种医院参观。

普通医院社会工作之实习借以明了社会部之组织功能，及如何处理各种疾病医药社会问题。

四、教学之方法(二)

以下为大学毕业后教学之方法，学校与院方必须取得紧密联系。

（一）特殊知识之灌输

医院社会工作法（由医院社会部主任担任）；精神病社会工作之原理原则（由精神病院社会部主任担任）；精神病学（由精神病学医师担任）；精神分析学（由精神分析家担任）。

（二）实习之教法

普通病人个案之管理。此时实习者已做练习生，即使彼轮流负责管理各科个案，以得实地之经验。

精神病个案之管理。此系转至精神病院社会部时之工作，使其自己负责从调查至随访完全由其管理，主任或督导员指导之。

精神检查之实习。由精神病学家指导之，检查大纲可参阅附录。

心理研究实习。可再入大学研究院利用心理实验室，由该院教授指导之。

五、对其他各种学校学生之教法

（一）课程之规定

可定为半年之课程，每星期择一半天即可，一半时间用作理论之灌输，一半时间用作实习。

（二）教学之方法

个案分析法。由精神病院社会部主任按时前往讲授，此种工作之历史原理原则等，可用已结束之病案作讲解材料。

个案实习法。学生实习酌选一适宜之个案，指导其完成之。新入院之病人，或旧病人皆可，以新病人较宜（著者教此短期之学生时，即采此法，以多与学生讨论为上）。

第二节　精神病社会工作之研究

一、研究之功用

第一，促进社会对精神病之重视。第二，使社会认识精神病社会工作之性质。第三，借研究以改进精神病社会工作之技能。第四，能引起同工之兴趣，对工作更加仔细。第五，研究结果可供其他医院及社会工作部之参考。第六，可作教学之材料。

二、研究之门径

应确定研究之问题。此可由社会工作员按自己之兴趣选择欲研究之题目若干，然后与主任及各专家相商以确定之。

搜集与问题有关之材料。病案、参考书皆为必需之材料，若旧病案不足时，可注意新来之病人，然后用卡片将该个案之号数、材料之种类记出，以便随时参阅，其参考书亦如是。

发表研究之结果。此包括与他人之讨论、材料编辑之顺序、统计之应用、结论之简述等，然后将此项研究公之于世，再继续做其他之研究，则研究之兴趣可与日俱增矣。

三、著者对研究工作之经验

著者从事精神病社会工作时，因感到研究工作之重要，曾用三分之一之时间，以研究有关之各种题目。除写有专册，如《我国精神病人治疗后之预测》及《经济智力感情三项混合之测验》等外，并随时写短篇论文，以作讲演及教学等用。积数载之经验，确信研究工作为我工作员生活之灵魂。一切工作兴趣皆可赖以提高，工作技术更因此而改进。兹特将实地经验略述于下，以供参考。

题目之选择。著者因精神病社会工作之研究，必须与其他专家合作，除于平日留心各有关之社会问题外，于各专家所拟研究之各种问题，亦采纳以作研究之对象，因此种问题所牵涉之方面极多故也。

搜集材料之办法。病案系材料来源之一，其他即可与各专家先拟订所需之材料，然后分别进行。如精神病学家做精神检查，心理学家做心理测验，护士做行为观察，自己做社会调查等。但最要者必须共用同一之病人做各种测验，以求一致。旧病人之找回、新病人之安排，皆由社会工作员负责办理之。

写作之办法。此全视所研究题目之重心而定，如偏于社会方面者，即由社会工作员写作，其他专家副之；如偏于其他方面者，自己则辅佐之。此法一方面可提高同工共事之乐趣，他方面又可免遗漏之弊，诚为一举两得之事。

第七章 结 论

第一节 困难与心得

一、精神病社会工作常遇之困难

(一)病人入院前所遇之困难

一是常因无空位置病人需在外等床。精神病人皆较普通病人治疗时间长久,著者即深感觉有住院容易出院难之情形。因之院中病床多为占满,新来者每有向隅之叹。但此种病人神志不清,家中实不易看顾。加以我国精神病院为数无几,常有远道前来,寄居逆旅,须候床至若干日者,诚属最大困难。

二是经警察或流动性之团体(如军队等)送来而无亲属者。此种病人,不易得多少社会消息,因多无处调查,若遇不讲话之病人,则更困难矣。再者此种病人出院后，亦多不易安置。

三是来院时病象已深，治疗不易。此多为被家庭耽误，未能重视，或采用旧法治疗，如顶香、拜佛、请巫婆等，直至无可知何时始送院求治，但此时病人多已至精神衰退地步。医生与社会工作员皆束手无策矣。

四是无力交费之病人。精神病院，除非政府或地方办理，完全免费，病人住院，当无问题。但此种办法多不适宜。因富者与贫者皆享同等待遇，公家损失未免过重；因之公家医院，只可拨相当数目之免费病床，以收容穷苦病人。但此项病床多被占满，再来者即不易安置。此种困难，在所不免。加以要求免费之病人家庭是否经济困难，工作员非去调查，不能骤下断语。若病人接受调查后再收亦非所宜，此亦困难之一也。

（二）病人在院时所感受之困难

一是看守问题。病人带危险性者，可自伤或伤人，或逃走放火等事。此种病人除将其手足设法约束外（如穿特制之衣服能将双手置于口袋中），必须严密昼夜看守。此种看守者，多为无识之人，受护士指挥，病人时对看守恶语相加，因之不免有虐待病人之情事。社会工作员与病人谈话时，常可听到此种情形，据闻外国亦有之。此于社会治疗方面，颇有阻碍。

二是治疗手续常不得亲友之同意。精神病治疗术正日新月异，有若干治法，可谓在试验时期（如试用胰岛素治疗精神分裂症使病人有多次“休克”，即震荡之意）。家人或亲友即有不同意而中途出院者，若勉强劝止，又不能担保绝无危险，问题随之而起。

著者可举一发噱之实例，即一患麻痹性痴呆之男病人，年三十许，体肥硕而好笑谈，喜到处游玩，不感疲倦，并买些无用之物随意分散。医师拟注射疟疾病菌，使其发烧，医治脑中梅毒，但此为其母所反对，遂行出院。病人既出院，其母为其买一紧头箍，系松紧铁环所制，整日箍在头上，俾能治此病。病人戴此头箍各处去走，有时将头箍上插上纸花，招惹成群顽童尾随其后，向彼作乐，其母反以为借此可使病人痊愈也。

三是个案累积过多不易全顾。按著者经验，社会工作员多因人数过少，每人所工作之个案多累积不能清理，以致多数时间用于管理新病人，旧病人遂不免搁置。日积月累，旧病人逐渐增多，时间不够分配，许多应做之事不能去做，于病人治疗影响颇巨。

四是同工联系所遇之困难。精神病之治疗，既须各专家之合作，因之遂发生彼此联系问题。但许多时候，因各人工作之性质不同、意见不合发生摩擦，以致工作不能进行，此应特别留意者。

（三）善后工作之困难

一是经济困难。病人出自富有家庭，出院当较易安置，若遇经济困难者，善后工作即困难重重矣。如病人须有特别营养或仍须有人看守，或须改换环境，或继续须用药物，无不需用金钱，贫穷家庭实无力负担。

二是出院无处安置。无家属亲友之病人，出院后安置问题颇不易解决。若交由警察领回，必系放出，随其自去，反不如在院时有保障，此诚不易解决之问题。

三是旧环境不适宜问题。许多病人因其环境不适而发生精神病，如家庭不和、与同事不睦、工作无兴趣，出院后若需改变环境，谈何容易。社会工作员虽呕尽心血，其成功亦不可必也。

四是心理问题。我国人对精神病患者存畏惧与鄙视之心理者多，此一方面由于传统之关系，一方面亦由于患病后不得正当保护，以致到处滋扰故也。工作员虽为病人安置一极圆满之处所，并向其有关人解释一切，他人对彼仍不免窃议，使彼日久生疑，其精神病常易复发。

五是复患问题之严重。病人虽经善后安置，其疾病复患亦在所难免。著者常见有复患病人，锁于斗室中，或任其到处滋事，若令其回院，有时因床位无着，有时即住院亦无何良好解决办法，此亦社会工作员所遇难题之一也。

二、从事精神病社会工作之心得

第一，精神病社会工作为社会建设所必需。精神病人之行为，其影响社会治安、耗费国家钱财颇巨，于前章已备言矣。今言建国之道，心理卫生之运动、精神病院之设立，皆为刻不容缓。精神病院社会工作，即针对此两种工作而起者。工作员虽终日与此等反常人相处，但每思自身所负责任之重、对于建国贡献之大，亦莫不暗自欣幸。

第二，习得一种专门之知识。精神病社会工作系一种专门知识与经验，非普通社会工作人员所能担任。并此种专门知识，即可为终身职业。况此种工作在我国尚属幼稚，宝贵之园地正待吾人开垦，深望有志者能早做准备焉。

第三，精神病人之贡献。精神病人多富于幻想，由其幻想中，有时(但绝少)亦能产生伟大之成就。古之大发明家、文学家、音乐家、教育家、宗教家、政治家等，如康德、牛顿、拿破仑等，往往皆有精神上之特殊状态。著者亦于精神病人中发现有专门技巧者，其理论，其成就，迥非常人可比，有时称之为天才，亦无不可。工作人员颇可利用机会，就其所长以引导之，或亦可造福于社会。著者所提心理卫生运动发起人比尔斯，即其一例。

第二节　精神病社会工作之将来

精神病预防治疗工作，为应社会之需要，且邀政府之重视。精神病院之设立，将为我国各大城市建设中之一项。精神病社会工作，自当随治疗之工作而进展。各大学之有社会学系者，对此项人才之造就，业已发轫；将来人才来源，可不成问题。深望对精神病工作有兴趣之人士，起而倡导之，再由政府之协助，使此种病人能得到完善之治疗；社会工作，亦可发扬光大，造福于人群社会，良非浅鲜也。

附　　录

一、精神病检查之方法

（一）实证材料

病人姓名、性别、年龄、住址。

（二）对病人之一般观察

面部表情：看着像忧愁、恐惧、高兴、仇恨、疑心、幻视状、无表情、专心样、傲慢、困倦、癫狂状。

动作：身体、头、脸有何动作否，嘴颤动、额起皱纹、重复动作、走路直走及有何目的，行行止止或从一物走至他物，走慢走快。

外表及行为：闭目或直视，手如何放法，头发整齐否；全穿半穿或露体；衣服整洁否、合身否；吃喝时有何不整洁否；精神及体质检查合作否;如何接待检查者;僵直状、拒绝、木强等。

（三）个人历史

儿童时期：多大记事，喜独自一人或有同伴，玩时是否做头目，多爱父亲或母亲或不分，疾病或受伤否。

求学时期：可照本书社会调查大纲询问。

就业时期：性质、能力、入款、对工作之态度等。

性生活及嗜好：可按本书社会调查大纲询问。

疾病：从前患过精神病否;令病人描述一切状况，受伤或其他传染病等。

（四）现在疾病之历史

原因：远因及近因。

经过：时间及其他病人能陈述者。

（五）精神活动及语言之流畅

自动发言，讲语过多，大气不出，言辞流利，口吃，讲话散漫，见物即说，观念特多，语言有联系，不连贯，赘述，新语症，不适切，顺音反应，言语重复。

（六）情感及心境(affect and mood)

安适、欢喜、特高兴、雀跃、愉快、抑郁、悲哀、失望、忧愁、悬念、恐惧、畏缩、满意、自足、高傲、夸大、自大、轻蔑、疑心、挂虑、迷惑、痛苦、怪僻、激怒、生气、凶悍、浅薄、愚呆、不关心、迟钝、无情。

（七）精神趋势(mental trend)

反常观念，幻觉趋势，精神错乱经验，见景生疑，被人监视，误解物事发生之起因，疑病性意念，身体幻觉，不实信念，认为自已或环境被改换了，抑郁趋势，自卑或自谴，灵魂失掉，不可饶恕之罪。

（八）感官(sensation)

辨识(orientation)：(1) 时期——年、月、日、星期几、上下午、钟点。(2) 地方——谈话地方、方向。(3) 人位——检查人系何职，同住之病人系做何事者。

记性(memory)：(1) 早年事——同伴或同学姓名，父母生日，背诵幼时读物，何年有何战争。(2) 近日事——何日住院，来时情形，某物市价多少，昨日吃何饭等。(3) 保持力——使病人静听检查者说一二三四……每隔一秒即说一个数，说完即令病人说，看其能至多背至多少数。最好先说三个数，然后每次增加一个数。

判断力(judgment)：可问某二物之比重，如棉与铁；某物价值比较(可用目前物品)；某地距某城远近；到某处如何走法；火车与汽车之分别；冬日与夏日之分别(此等问题全按病人情形而定)。

（九）智力

可采用陆志韦、吴天敏所编之智力测验书，如令病人做算术、背诵、解释及其他种种，用思想工作以计算病人之智力率(IQ)以知其为上智、中常及下愚等。

（十）自识力（insight）

自知有精神病否，自己言行较常人有何特别否，自己行为有何改变否，系从何时，等等。

（十一）检查人之印象

病人疾病近于何种诊断。

（十二）最后讨论

此包括与其他专家之讨论以决定其诊断。

二、职业治疗介绍卡片

病人姓名________性别________年龄____住院号数____

诊断____

入职业治疗部日期：从________年____月____日起

至________年____月____日止

工作时间：整日□　上午□　下午□

应注意之事项________

医师签字：　　　年　　月　　日

社会工作部之意见________________

职业治疗部之报告________________

病人学习工作之种类________________

工作共若干日________________

指导员之印象________________

指导员签字：　　年　　月　　日

参考书目[①]

编译馆:《精神病理学名词》,商务印书馆,1935。

粟宗华:《对于精神病应抱的态度》,《西风》第六十期。

宋思明、邹玉阶:《医院社会工作》,社会部研究室,1943。

Beers C. W., A Mind That Found Itself, N. Y., Longmans Green (Latest Edition).

Ingram J. H., The Pitable Condition of the Insane in North China, China Medical Journal Vol. 32.

Kratz J. A., Vocational Rehabilitation, Harvard Press, 1940.

Lamson, Herbert Day, Social Pathology in China, Commercial Press, Shanghai, 1935.

---

① 为方便读查阅,本书按原版复制参考书目。

McCartney J. L., Mental Patients in China, China Medical Journal Vol. 10.

Ross R. M., The Insane in China, Examination Hints, China Medical Journal Vol. 34.

Strecker, Edward A., Clinical Psychiatry, P. Blakiston's Son & Co., 1931.

Strecker, Edward A., and Franklin G. Ebaugh, Practical Clinic for Students and Practitioners, P. Blakiston's Son & Co., Inc., Philadelphia, 1931.

Sung S. M., Prediction on Chinese Mental Patients, P. U. M. C., Peiping, 1939.

The American National Red Cross, Introduction to Case Work and Administration of Relief, Washington D. C., 1938.

Weill, Blanche C., The Behavior of Young Children of the Same Family, Harvard University Press, 1928.

Weill, Blanche C., The Home Situation Which Influence Behavior, 1930.

White W. Outlines of Psychiatry, Harvard Press (Latest Edition). Loods A. H., The Incidence of Nervous Diseases in China, China Medical Journal Vol. 40.

后　记

自 1912 年北京社会实进会成立算起，中国社会工作已经走过了 100 多年的历程。无论其中经过了多少反复，中国社会工作终于蓬勃地发展起来了。在 100 多年的发展过程中，中国社会工作理论界和实务界留下了许多珍贵的历史资料，仍然是中国社会工作向前发展的动力源之一。为了深入发掘中国社会工作的宝贵遗产，以服务于当下的社会工作事业，我们特别推出“中国社会工作史料汇编（第一辑）”。

“中国社会工作史料汇编（第一辑）”共有 6 种图书：《社会工作导论》（蒋旨昂著）、《现代社会事业》（言心哲著）、《医院社会工作》（宋思明、邹玉阶著）、《精神病之社会的因素与防治》（宋思明著）、《社会救济》（柯象峰编著）、《社会事业与社会建设》（复旦大学社会学系编)。

为尊重历史与保持原书的风貌起见,这次整理仍沿用原书的体例,没有做任何改动。为方便现在读者的阅读,整理者对原书中的个别地方添加了注释,并做了明确标注。

本书系根据 1944 年中华书局版本整理,整理者为王志中,彭秀良做了全面校订。

“中国社会工作史料汇编(第一辑)”编辑委员会

2018 年 10 月